「わかってもらいたい」という病

香山リカ

廣済堂新書

はじめに

ほしいのは「わかってるよ」のひとこと

——わかってるよ。

会社で上司が自分だけに仕事を押しつけてきて、まわりの人も見て見ぬふり。私だって仕事以外にやりたいことや勉強したいことがたくさんあるのに、その時間もとれない。今日もデートなのに残業をこなして会社を飛び出してきたので、メイクを直す時間もなかった……。

彼氏の前で、まくし立てるようにそんな話をする女性。うなずきながら聴いていた男性は、話が一段落したところで彼女をやさしく抱き寄せ、「わかってるよ」とひとこと。

いかにも映画かドラマにありそうなシーンだが、こういう状況にあこがれない女性はいないのではないか。それは逆に言えば、日常の中で誰かがこんな風に接してくれる場面はまずない、ということだ。

診察室で会う人たちの話から推測すると、パートナーや恋人が自分の話を「うなずきながら聴いてくれる」のはまだよいほうと言える。多くは、たとえ「今日こんなひどいことがあった」などと話しても、「オレだって疲れてるんだ」とさえぎるか、スマホを見ながら上の空の返事しかしないか、そのどちらかなのではないか。

あるいは、これも診察室でよく聞く話なのが、それよりは少しは誠実な人の場合、話に一応は耳を傾けるものの、それに反論したり解説を加えたりすることがある。たとえば、冒頭のような話をする恋人に、こんなことを言うのだ。

「いや、でも本当に君にだけ仕事が押しつけられているの？　客観的に仕事量をほかの人と比べることなんてできないだろう？　それに、時間ってその人の工夫次第でいくらでも生み出せると思うんだ。昼休みを10分早く切り上げて作業に取りかかるだけで、もっと時間の余裕を作れるんじゃない？」

たしかにそれは正論かもしれないが、心許せるパートナーや恋人に「こんなことがあってね」と話をする人は、そんな批判や説教を聞きたいわけではない。とくにその話が楽しい内容ではなく、不満や怒り、不安やグチなどの場合、まずほしいのはやはり、「わかってるよ」のひとことなのではないだろうか。

ほかの人はわかってもらえているのに

しかし、それを言ってくれる人は、私たちのまわりにはなかなかいない。

そして私たちは、「誰も私のことをわかってくれない」と不満や寂しさをさらにつのらせることになる。

さらに、そんな「誰にもわかってもらえない」と感じている自分の目からは、まわりの人は家族や友人、同僚などにそれなりにわかってもらっているようにも見えてくることがある。

診察室では、よく「きょうだいは私より親にわかってもらえている」と話す人に出会う。

「私には妹がいるのですが、彼女ははっきり言ってワガママだし何をやらせても長続きしない人なのに、それでも父や母、祖父母までが、なんとか彼女をわかってあげよう、受け入れてあげよう、としています。妹が〝バイト先でいじめられた〟などと言うと、家族は〝それはたいへんだ。もうやめたほうがいいんじゃないか〟と理解を示し、アドバイスします。それなのに私が会社のことでグチをこぼしても、みんな無関心か、〝あなたのがんばりが足りないからでしょ〟と冷たく突き放すか。どうして、妹はこんなに家族にわかってもらえているのに、私のことは誰もわかってくれないのでしょうか」

もちろん、「わかってもらっている」という状態を数字などで表すことはできないので、本当に「妹はわかってもらっている、姉はわかってもらっていない」のかどうかはわからない。ただ、この女性が強く「自分は誰にもわかってもらえない」と思っていることじたいはたしかなのだろう。それを「そんなの、あなたの感じ方がおかしいんですよ」と否定することはできない。

こうして診察室で「私は誰にもわかってもらえない」と語る人たちに会いながら、私はときどき「自分はどうだろう」と我が身を振り返ることがある。

実は、診察室で精神科医は、自分を感情も過去ももたない〝透明人間〟だと思うようにすることが多いので、相談者の言葉から「さて、私自身はどうだろう？」と考えたりしない。親子関係の悩みでやって来る人を見て「私も親と仲良しとは言えないな」と考え、恋愛のトラブルで訪れた人を見て「私のパートナーのほうがもっと性格が偏ってる」と考え……といちいち自分の問題としてとらえていたら、相談者に客観的なアドバイスもできないし、自分も疲れきってしまうからだ。だから、たいていの場合、精神科医は自分を棚に上げ、どんな話を聴いても自分と比べたり自分の問題を思い出して考え込んだりはしないものなのだ。

しかし、「私はわかってもらえない」という人が来ると、つい私も「自分はどうなんだろう？　誰かにわかってもらえているだろうか？」と考えてしまう。それはきっと、この「誰もわかってくれないのではないか」という問題が、自分にとっても心のどこかでいつも気になるものだからかもしれない。

わかってもらえなかった私の子ども時代

では、私はいま、誰かに深くわかってもらっているのだろうか。あるいは、子ども時代から若い頃、私のまわりの人たちは私のことをわかってくれていたのだろうか。

子どもの頃、私は「自分がわかってもらえていない」と強く思っていた。「子どもの頃」といっても、思春期ではなくてもっと小さな頃、具体的には4歳か5歳のときの話である。

それをはっきり自覚したのは、5歳年下の弟が生まれたときのことだった。

5歳といえば幼稚園に通っていた時期なのだが、私は決して親の望むような〝いい子〟ではなかった。親ははじめての子どもだった私に、かわいらしい洋服を着せ、ピアノや英語を習わせ、いわゆる〝女の子らしい子〟にしたかったようなのだが、私はといえば『ウルトラマン』など特撮ヒーローや怪獣が出てくるテレビやマンガが大好きで、男の子とそういう遊びばかりしていた。では、運動神経がよくて体操などが得意だったかといえば、それも違う。敏捷性もなくジャンプ力や走力もない私は、男の子たちとの〝怪獣ごっこ〟などでしょっちゅうケガをしたり転んでタイツや洋服を破いたりしていた。

ピアノや英語もできず、かといってスポーツもできない。でも、私は自分なりに好きなものを一生懸命、追求しているつもりだった。そんな私を見て、両親とくに母親は「この子は将来どうなるのだろう」と心配に思ったのだろう。「また怪獣ごっこ？　危ないからやめてちょうだい」「外に行かないでおうちでピアノの練習をしなさい」などと、私を注意することが多かったのも、いまから思うと当然な気がする。

しかし、4歳か5歳の私は、「どうして私の好きなもの、やりたいことをわかってくれず、お母さんはいつも私を怒ってばかりいるのだろう」といつもイライラしていた。ただその一方で、「誰かにわかってもらえたら」という気持ちも強かったようだ。その証拠に弟が生まれたときに、私は決意した。

「私だけは絶対にこの赤ちゃんのことをわかってあげよう」

それから私は、しつこいくらい弟のそばにいては、母親が世話をする前に手を出したりいっしょに遊ぼうとしたりした。それがまた子どものやることなので危なっかしいことも少なくなく、母親にはしょっちゅう「やめてちょうだい」などと言われることになって、私の「やっぱりわかってもらえない」という気持ちはさらに強まった。

そういう気持ちを抱いたまま小学校に入った私は、とくにいじめられたり無視されたりしたわけではないのだが、「先生にわかってもらえない」「友だちもわかってくれない」という思いを何度も味わっていた。

忘れられないのは、小学3年生のときのことだ。担任の先生が「いまいちばん尊敬する人について作文を書きなさい」と言ったので、私はあれこれ考えて、「尊敬する人はザ・ドリフターズの加藤茶さん」と決めて作文を書いた。言うまでもなく、ザ・ドリフターズは昭和の一時期、国民の人気を独占したお笑いと音楽のグループである。その頃の私は怪獣ものよりもお笑い番組が好きになっていたのだが、どんなイヤなことがあっても体当たりのコントで笑わせてくれるザ・ドリフターズはとくに好きだったのだ。だから、その中でも当時、いちばんのスターだった加藤茶さんについて、「この人はどんなにすばらしいか」という渾身《こんしん》の作文を書いたのだ。

その後、小学校の保護者会があって母親が参加したのだが、学校から母親は不機嫌そうな顔で戻ってきた。父親が「どうしたのか」ときくと、担任の先生がその作文について保護者たちに報告をし、「ほとんどの子が〝尊敬する人は両親〟という作文を書いたが、ザ・ドリフターズと書いた子がひとりだけいた」と言って、私の作文を読み上げたというのだ。母親は「どうして〝親〟と書かなかったの」とまでは言わなかったが、出席した保護者たちは大笑いだったと言っていたので、「恥をかいた」と思ったのだろう。

私は、「どうして親の前で作文を読み上げたのだろう。そんなことをするとは聞いてなかった。それに、もし読み上げると聞いていても、あのときは本当に尊敬できるのは加藤茶さんだと思ったのだから、同じ作文を書いたと思う。どうして先生はわかってくれないのか」ととても悲しくなり、それから「誰かにわかってもらうことなんてできないんだ」と思うようになった。

もちろん、それらはトラウマと呼ぶほどの大げさなものではないが、子どもの私にとって「おとなは自分をわかってくれない」という何度かの経験は、決定的なことのようだった。小学校高学年になると私は、本当の気持ちを親や先生などのおとなに話さなくなってしまった。反抗的とまではいかないのだが、「あなたはどう思うの？」などときかれてもあたりさわりのないことしか答えなくなったのだ。

たとえば、進路を選ぶときもそんな感じだった。親や先生が「こういう学校に進めばよいのではないか」と勧めてくれたことを「そうだね」といったんは受け入れるのだが、ギリギリになって「やっぱりその高校はイヤだ」とか「大学は文系じゃなくて理系にしたい」といきなり自分の考えを口にして、結果的にまわりに迷惑をかけたことも何度もあった。「もっと早く言ってくれればよかったのに」と言われたのだが、「早く言ってもどうせわかってもらえない」というあきらめのような気持ちがあるので、とてもできないのだ。

それはいまでも続いていて、大事なことであればあるほどなかなかまわりの人に言い出せず、「どうしよう。言おうかな。でも言ってもムダだろう」と思っているうちにどんどん日がたつことも少なくない。もう50代も後半にさしかかっているというのに、「話してもわかってもらえない」という気持ちがいまだにあるのだ。

わかってもらえないままでよいのか

そのように、「自分の気持ちがわかってもらえないのは仕方ない」と思ってきた私にとって、診察室で「わかってもらいたい」と訴える人は、ある意味、うらやましくも思えた。その人たちは、「誰かがわかってくれるはず」という希望を捨てていないように見えたからだ。ただ、「わかってくれるはずなのにわかってもらえない」と思い続けるのもとてもつらいものなのだということは、その人たちと話していてよくわかった。

　また、そういう人たちと話していると、私の中にも「私も本当に誰にもわかってもらえないままでよいのか」という気持ちがあることにも気づいてきた。私は「どうせわかってくれない」とあきらめることで、その人たちのような怒りや不満からは自分を遠ざけていられるが、本当はそんな私も「誰かにわかってもらえたら」と思っているのではないか、と思うようになってきたのだ。

　実は私は、ときどきキリスト教の教会の礼拝に行くことがある。何度行ってもなかなか「神さまを信じます」と強く決心することができず、キリスト教の信仰者の証である洗礼は受けられずにいる。礼拝に行くうちに牧師さんに顔を覚えられ、「洗礼を受けたら神さまの存在がより身近になりますよ」と言われるようになった。とはいえ、親や先生にも「わかってもらっていない」と思うことが多かったのに、「神さまはわかってくださっている」などと言われても、なかなかすぐには信じられないのだ。

　ただ、はっきりと信仰をもっているわけでもないのに礼拝に行くというのは、おそらく私の心にも「神さまなら私のことをわかってくれるのではないか」という期待や「わかってもらいたい」という要求があるからではないか、ということには自分でうすう気づいている。

つまり、私も本当は「誰かに自分の気持ちを話したい、私のことをわかってもらいたい」という気持ちはあったはずなのに、「そんな期待をして、また裏切られるのはイヤだ」と思うあまり、そういう気持ちにフタをしてここまで来た、ということなのだろう。

そのことに気づかせてくれたのは、診察室で「私は誰にもわかってもらえない」「ほかの人はわかってもらえているのに」と訴え続ける人たちだ。

「わかってもらいたい」と訴えている人は、いったい何を「わかってもらいたい」と考えているのだろう。どういう状態になれば「わかってもらえた」と実感できるのだろう。そして、もし「この人に私はわかってもらえた」という状態が訪れたとして、相手は本当に自分のすべてを理解してくれているのだろうか。

「わかってもらいたい」とは何か。なぜ「わかってもらえない」と思ってしまうのか。これから少しずつ考えていきたいと思う。

「わかってもらいたい」という病

目次

はじめに

第1章 SNSでわかってもらえない

第2章 女どうしなのにわかってもらえない

第4章 まるごとわかってもらいたい

第5章 わかってもらいたい願望の落とし穴

第6章 わかってもらえるとはどういうことか

第7章 自分で自分がわからない人たち

あとがき

※なお、本文中に出てくる症例は、これまで診察室で経験したことをもとに新たに作り出した架空のケースです。

第1章

SNSでわかってもらえない

疑心暗鬼を増幅するツール

２０１０年と２０１８年のいちばんの違い。

それはなんと言っても、インターネット技術を使ったＳＮＳ（ソーシャルネットワークサービス）の普及なのではないだろうか。ＳＮＳとひとことで言っても、ツイッター、ライン、フェイスブックにインスタグラムとさまざまな種類があるが、そこに自分の日々の様子や食べたものの写真などを投稿したり、誰かの発言にちょっとコメントをしてみたり、仲間とグループを作って情報をシェアしたり。私の大学でもベテラン教員は「大事な連絡までラインで送ってくる学生がいて困る」などと苦言を呈しているが、いまやそういった〝年輩者のなげき〟などをよそに、ＳＮＳはすっかり私たちの日常の一部になった。

とはいえ、このＳＮＳをめぐってはあまりに急速に普及しすぎたこともあり、いくつかの問題がある。たとえば、このＳＮＳをどう使うかに関しては、公式の決まりがあるわけではない。だから、事務的な連絡やニュースのチェック用に使う人もいれば、誰にも言えない心の内面を打ち明ける場として使う人もいる、ということになる。そして、そのバラつきがいろいろなトラブルの原因になることもあるのだ。

毎年、学生の期末レポートで「若者の〝生きづらさ〟について原因を分析してください」といったテーマを与えているのだが、この数年、とても多くの学生がその原因として「ツイッターやフェイスブックなどのＳＮＳ」をあげてくるようになった。若者だけではない。診察室でも「ツイッターで私の発言を誤解する人がいてバトルになってしまい、それ以来、気持ちが滅入っている」などとＳＮＳのトラブルがメンタル不調の原因だと語る人が増えた。

その人たちの多くも、最初は「便利だから」「誰かと気軽につながっておしゃべりしたい」と軽い気持ちでＳＮＳを始めたはずだが、どうしてこんなことになってしまうのだろう。ある女性は語った。

「友だちグループとランチした日の夜、フェイスブックに『今日はけっこう疲れたな』と書いたんです。私としては、その前の晩も寝不足だったし風邪ぎみだったので、そのことを書いたつもりでした。

そうしたらランチの場にいた友だちから、『ごめん。私がダンナの浮気の話なんかしちゃったから疲れたんだね』と個別ラインが来たんですよ。たしかに彼女、そんな話をしていたのですが、それと私の『疲れた』と言ったのとは関係ないんです。『違うよ、あなたのせいじゃないよ』とかラインで説明したのですが、『反省してる』『楽しいランチの場を台なしにしちゃった』みたいな返信ばかり。きっとわかってくれなかったと思います」

その一方で、診察室でスマホを取り出してツイッターの画面を見せながら、「先生、これ見てください。ここに『あいつさえいなければ平和なのになー』ってあるでしょう? これ、たぶん私のことなんです。書いたのは私の同僚なんですよ。みんなが見てるツイッターで私のこと、こんな風に書かなくてもいいのに!」などと怒っている人もいる。しかしよくきいても、それがその人だという証拠はどこにもない。それにもかかわらず、「きっとそうに決まってる」「それ以外、考えられない」などとかなり一方的に決めつけて、「たしかに私は職場であれこれ提案してますよ。でもそれって、少しでも働きやすい場にしたいからなのに。どうしてわかってもらえないのかな」などとどんどん話を進めてしまうのだ。

ＳＮＳでのコミュニケーションには、「相手にあれこれ深く考えられすぎるのは迷惑だけれど、こちらはつい考えすぎてしまう」という奇妙な法則があるかのようだ。

また、とくに女性の場合は「それが礼儀だから」とばかりに常にスマホやタブレットで友だちや知人のブログやツイッターなどをチェックし、「コメントを書くだけでぐったりした」と言っている人もいる。その人たちの中に、「フェイスブックで〝いいね！〟を押さないと相手に〝見てくれてないな〟って思われちゃうから、ときには読まずに〝いいね！〟だけしてます。でも、自分の投稿に１００も２００も〝いいね！〟がつくと、それはそれでなんだかいつも監視されているようで息苦しいんです」と言っている人もいる。ここにも、「相手にそうされるのはイヤだが、自分はそうせずにはいられない」というＳＮＳのおかしな法則があてはまる。

とくにいまの若い人たちには、まじめで対人関係に敏感な人、完璧主義の人も少なくないので、「やるとなったらとことんやらなければ」「ＳＮＳのグループに参加している人のことを大切にしなくては」と思いつめやすいのかもしれない。「ＳＮＳは気軽なコミュニケーションツール」という本来の性質がすっかり忘れられている。

また中には、ツイッターでは「いま職場に着いた」「今日は学生時代の友だちとの飲み会で盛り上がってる」などといつも自分の様子を実況中継しなければならない、と思い込んでいる人もいる。そして、誰かがしばらくフェイスブックを更新しないと、別のライングループなどで「彼女、どうしたんだろう」「からだの具合でも悪いのかも」と過剰に心配しあう場合もある。そうなると、心配するほうもされるほうも、「ありがたいな」と思う反面、かなり神経をすり減らしてしまうことになる。

こういったことの積み重ねの結果、SNSを日常的に使う中で、「私はこんな風にわかってもらいたいのに、全然わかってもらえない」「あの人のことをこんなに気づかっているのに、わかってくれない」という〝わかり合えなさ〟のフラストレーションがどんどん高まることになる。

SNSの情報は〝盛られ〟がち

ちょっと考えてみると、SNSは仕事でもなければ義務でもない。そのいちばんの特徴は「気軽さ、気楽さ」だ。ラインやツイッターでは常に膨大な言葉が発せられ、どんどん更新されて流れていくので、「見てなかった」というのも許されるはずだ。つまり、気が向いたときだけ自分のペースで楽しめるメディア、それがＳＮＳなのだ。

また、そこに書かれたことが本当のことや真実だという証拠もどこにもない。いま、アメリカのトランプ大統領が毎日、何度もツイッターに投稿し、それがアメリカのテレビニュースでそのつど取り上げられ、これは本当かとかフェイクニュースではないかなどと物議をかもしている。いつの間にか、気軽なおしゃべりのはずのツイッターが、アメリカ大統領の公式見解になっているのだ。本来ならばこれはおかしな話で、ＳＮＳへの書き込みに関しては「話半分」くらいに読み流し、たとえ驚くような発言が書かれていても、「もしそうだったら面白いかもね」くらいに受け取っておいたほうがよいのではないか。

もし、「これって私のこと？」と気になるような投稿があっても、それが誰のことを指しているか、たしかめる手段はない。追及しても、都合が悪ければ相手は「違いますよ」と答えるだろう。だから、考えすぎてもあまり意味はないのだ。

SNSで「他人と自分とを比較してしまう」こともやめたほうがいい。

この章の冒頭で紹介した大学生たちのレポートには、「ツイッターを見ていると劣等感が増幅される」という悩みも頻繁に書かれている。

ある学生は、ツイッターの投稿を見ていると、その人のいちにちが簡単に想像できる、と言っていた。朝早くから起き出し、大学に行って勉強し、授業が終わるとアルバイトに精を出し、夜は仲間と飲みに行って楽しく過ごす。それを目にした学生が次にすることは「自分と比べること」だ。自分は朝も起きられなかった、大学にも行かなかった、アルバイトもせず、もちろん読書も勉強もしていない……。今日もいちにちダラダラ過ごしてしまったことに、ひどく落ち込んでしまうというのだ。

しかしもちろん、その人がツイッターに本当のことを書いているとは限らない。また、自分に都合の悪いことは書いていない、という可能性もある。

冷静に考えればすぐに、「この人は〝理想の自分〟を書き込んでいるだけ」などとわかるのだが、自分がたまたま落ち込んでいるとき、調子が悪いときであればあるほど、そこに書かれていることがすべて真実に見えてきて、「それに比べて私は」と思ってしまう。

現代を生きる人たちは、ただでさえたくさんの人たちの視線の中で自分の承認を得ようとする傾向、その中で他人との比較で自分の立ち位置を確認しようとする傾向がある。もちろんその根っこには、「私のことをわかってもらいたい」という素朴な承認欲求があるのだが、ときには他人からの注目を集め共感を呼ぶために、事実を脚色したり過剰な演出を加えたりして投稿する人もいる。自分で作成した文章や選択した写真を投稿するＳＮＳは、それをしやすくするツールでもある。

何かをした際の写真を他人に見せるときに、複数の中からよりよく撮れたものを提示することじたいに問題はないが、中には大幅な加工を加えほとんどねつ造に近い画像を投稿する人もいる。

また、ねつ造とはまったく反対の方向なのだが、ＳＮＳに投稿することを目的として行きたくもないのに外出、外食をする人もいる。診察室で会ったうつ病の主婦は、うつ病で外出が困難な状態であったのに、子育ての様子をＳＮＳに投稿するために遊園地やレストランなどに毎日のように子ども連れで出かけて写真を撮影していた。それが回復につながればまだよかったのだが、その主婦の場合、負荷が大きすぎて疲れが強まるばかりであった。病状の悪化にもつながると考え、やめるように伝えたが、「〝ママ友〟がみんなSNSを見ているし、ほかの人はもっと楽しそうな日々の様子を投稿している」と泣くばかりであった。

やめたくてもやめられない

いずれにしても、SNSでのコミュニケーションのいちばんの長所であった「気軽さ」「ゆるさ」がどんどんなくなって、いまやとくに若い人や女性たちにとってそれは「疲れるコミュニケーション」「傷つけあうコミュニケーション」になっている、ということだ。

そしてSNSに振り回されているのは、若者や女性だけではない。ビジネス誌もときどき「SNS疲れ」という特集を組み、企業が広報目的でツイッターなどに手を出したはよいが、それを使いこなせず多大な時間と労力だけが費やされている、と警告を発している。私たちはまだネットとの上手なつき合い方になれていないのだ。

このように広がる「ＳＮＳ疲れ」「ネット疲れ」を見ると、誰もがこんな素朴な疑問を抱くはずだ。

「そんなに疲れるなら、一度やめてみたら？」

ところが、「いったん始めると、どんなに負担でもやめられない」というのもＳＮＳの大きな特徴なのだ。「ツイッターを常に見たりつぶやいたりするのに疲れた」と診察室で話す女性に、「じゃ、見なきゃいいじゃないですか」と言ってしまい、「とんでもない！」と反発されたことがある。「まわりに取り残されちゃう。情報に遅れたらたいへんですよ」「もし、見ていないときに自分のヘンなウワサが流されたら……。否定しないということは真実なのね、と思われたら、リアルな友だちも去っていってしまいます」などと、〝やめるデメリット〟をあれこれ話すのだ。ただ、この女性は実際にはＳＮＳをやめたりネットから離れたりしたことはないので、それらはすべて仮定のお話だ。

とくに、リアルでも対人関係に敏感な人は、もしかするとネットやＳＮＳにはあまり向いていないのかもしれない。ＳＮＳを自在に使いこなし、一見すると軽やかに他者とつながっているように見える人たちが実は苦しんで疲れている。これも〝いまどき〟の特徴といえる。

SNSで気軽なコミュニケーションを楽しみ、「あなたのこと、わかるよ」と言ってもらうつもりが、いつの間にか劣等感や他人への嫉妬をどんどん増大させ、自分を追い込んでいるだけだった……。そんなことにならないように気をつけたいものである。

SNSで本心を語るのは不毛

そして、SNSに自分の本当の気持ちや誰にも話せない自分の思いを投稿し、「わかってもらいたい」と望むのはほとんど不毛であることも言っておきたい。

ひとは他人の秘密を知りたい。他人の過去にどんなできごとがあったのか、いまどんな恋愛をしているのか、性生活はどうなっているのか、借金があるのかないのか、病気にかかってどんな心境なのか。わかりやすい言葉で言えば「興味本位」で、ひとは他人の秘密をのぞき見たいと考える。それは、人生の中で自分もそうした悩みとは無縁ではないが、ことの性質上、誰にも相談できないからだ。他人の秘密を知ることで「自分と比べて安心したり参考にしたりしたい」と願っている人たちは、SNSで「実は」と打ち明け話をしてくれる人にとてもやさしい。

「わかります。おつらいでしょう」「私も詳しくは書けませんが、同じような体験をしました。だからあなたの気持ちは手にとるように理解できます。そしてあなたの発言に勇気をもらっています」

そんな温かい慰めや励ましのあとに続くのは、「で、その先は？」「もっと語ってください」という言葉にできない言葉だ。それでも、秘密を打ち明けている側は「こんなに多くの人にわかってもらった」とうれしく思い、「では、ここから先は本当に誰にも言ってこなかったことですが」などとついさらに深い話をしてしまう。

もちろん、それを読むすべての人が「興味本位」とは言わない。中には本当にその人を心配し、思いやって語る人もいるのだろう。しかし、たとえば８割が「興味本位」だったとしたら、どうなるか。その人たちは、あるところまでは「わかります」「たいへんですね」と共感を示しながら反応していても、いずれかの時点で態度を変えるかもしれない。

「たいへんなのはわかりますが、あなた、ちょっと甘えすぎなんじゃないですか」「あなたは母親から虐待されても父親にはやさしくしてもらったんですよね？　私なんか両親に冷たくされたんですよ」「過去は過去として、現在の生活でもう少し努力なさってみてはどうでしょう」

その人たちの興味はもう満たされ、それ以上、話を聴く必要がなくなってしまったのだ。そうなるとそれまで「ここにだけは私をわかってくれる人がいる」と思い、自分の秘密を打ち明けていた人は、どれほど傷つくだろう。

そもそもＳＮＳは「自分をわかってもらうためのメディア」としては適していないのではないか、と思う。

かつて角川グループホールディングス筆頭株主であった角川歴彦さんがダボス会議（世界経済フォーラム）に出席した際、世界の若きリーダーに共通する特徴を感じた、と語っていたことが忘れられない。角川さんは「いまや南北格差より、デジタルネイティブとそうじゃない人との格差のほうが大きいし重要だ」と言っていた。彼らは、あたかもＳＮＳに書き込むかのように、口頭での発表でもひとつの発言が言い切り口調で、センテンスが短いのだそうだ。

「自分をわかってもらう」ためには、ああでもないけどこうでもない、こうかもしれないがそういう可能性もある、といった行きつ戻りつの思考やそれを表す言葉が必要になる。「私は明るい。子どもがふたりいる。趣味は山登り」といったＳＮＳの短いセンテンスで説明が可能なら、誰も「自分をわかってもらっていない」などと悩むこともないだろう。しかし、実際にはこれだけ「わかってもらえない」と感じる人が多いのだ。また、そういった言い切り型の短いセンテンスでやり取りしていれば、当然のことながら、細部や微妙なニュアンスに関してはおろそかになったり誤解が生じたりする。「わかってもらいたい」と考える人は、そこでかえって傷ついたりするに違いない。

とはいえ、繰り返しになるが、ＳＮＳなどのネットメディア抜きにはこれからの世の中、私たちは生活を送り仕事をこなしていくことはできないだろう。そうなると、「ＳＮＳでは本当に自分をわかってもらうことなんてできない。かえって傷つけあうだけだ。だったら使うのをやめよう」とも言っていられない。

だとしたら、そこで「わかってもらおう」と思うのを最初からやめてみる、というのもひとつの選択かもしれない。

第2章

女どうしなのにわかってもらえない

母にほめてもらえなかったという記憶

診察室で「私だけがわかってもらえない」と訴える女性に、「本当は誰にわかってもらいたかったのですか」と尋ねると、「そうですね、やっぱり母親に」という答えが返ってくることが多い。

一方、母親の立場にある人は、さりげなく会話の中で「娘の気持ちはわかります。女どうしですから」とか「私が娘のいちばんの理解者です」と口にすることが多い。つまり、母親は「娘を理解している」と自信をもっているのに、娘の側は「母親にわかってもらえない」と思っている、ということだ。

「はじめに」でも少しふれたある30代の女性は、原因不明のからだの不調を訴えて、ずっと診察室に通ってきていた。内科などでの検査はすべて異常なし。それにもかかわらず、全身の痛みと動悸が治らない。内科から「精神科領域の問題だと思うのでお願いします」と依頼され、生活の中のストレス要因を探るために話を聴きながら、漢方薬で体調を整えることにした。

　ある日、診察室に入ってきた彼女は、椅子に座るやいなや、興奮した口調で語り始めた。

「先生、わかったんです、私。この心臓のドキドキの原因が。これ、私の過去に問題があったんですよ」

　彼女の〝解釈〟はこんな具合だった。

　彼女は子ども時代から学校の成績もよく、クラスの人気者だった。母親が望んだのでピアノやバレエなどの習い事もこなし、それなりのレベルに達した。

　ところが、中学に入ると成績が伸び悩んだ。彼女が言うには、「伸び悩んだとは言ってもクラスの上位にいたことはたしか。ただ1番とか2番ではなかっただけ」とのこと。あるとき、教師、保護者、本人の三者面談があったが、担任は「理数系が苦手みたいですけれど、まあ女の子だから文系に進む分には問題ないでしょう」と言った。彼女は、きっと母親も「このくらい成績がよければ十分です」と言ってくれるのでは、と期待したという。

　ところが、帰宅してから母親が怒り出した。

「あなたにはがっかりした。小学生の頃は算数も得意だったから、将来は医者や薬剤師になれると思ったのに。ウチの家系はみんな理科系もできるのよ。私は栄養学科を卒業したけど、本当は医学部にも行ける成績だった。まったく誰に似たのかしら……」

彼女は母親が自分の味方になってくれないどころか、非難を始めたので強いショックを受けたという。

「私は、母親のためと思って、勉強だけではなくピアノやバレエもがんばったのです。もし、習い事をしてなかったら、もっと勉強に打ち込めたでしょう。それなのに、いまさら〝理科系に進ませたかった〟とか〝誰に似たのか〟だなんて……。私は母親にわかってもらってなかった、という悲しさで胸がつぶれそうになりました。そのときに胸が痛くなったのが、いまの動悸につながっているのです」

記憶の封印を解いたら激しい不眠に

それから彼女は、「自分のことをわかってくれなかった母親」への怒りをつぎつぎに口に出すようになった。そのひとつひとつはそれほど深刻な内容とは思われなかったが、長く彼女の中では封印された記憶であったことはたしかだった。

「中学のときのバレエの発表会。とても大きな役がついたんです。ほかはみんな高校生やセミプロの人ばかり。みんなそれだけでも〝すごいね〟って言ってくれたのに、母だけが違いました。発表会で私の些細なミスを見つけて、帰りに〝ママ、恥ずかしかったわ〟って……。そんなの誰も気づいてないのに」

「妹には明らかに態度が違うのですよ。妹は強気な性格で、母のほうがむしろ恐れていた感じ。高校のときに学校をやめる、やめない、って大騒動になったことがあって、それでもなんとか卒業して専門学校に進んだんです。もし私が専門学校にでも行っていたら、それこそ情けない、恥ずかしい、って非難しまくるはずでしょう？　それが妹には、〝あのとき高校をやめずにちゃんと上の学校にまで行って、すごいわね。見直したわ〟なんて言ってるんです。

それだけならまだしも、私にも〝ねえ、がんばったわよね？〟っていっしょにほめるよう、促すようなことまで言うんですよ。どうしてほめてもらえない私が、妹が専門学校に行ったくらいで、ほめなければならないんでしょう」

こういった記憶を呼び起こしているあいだ、彼女は激しい不眠に襲われるようになった。母からの言葉がつぎつぎに頭に浮かび、「ああ言い返せばよかった」「こう答えるべきだった」と考えていると何時間も眠れないまま、時間がたってしまうと言うのだ。

彼女は結婚していたので、「ご主人はどうなんですか。妻であるあなたの気持ちをわかってくれるんですか」と尋ねてみた。すると、苦笑いをしながらこう答えたのだ。

「夫にもちょっと話してみましたが、〝そんなの信じられない〟って。夫の母は、もう〝子ども命〟みたいな人で、夫と夫の弟、ふたりの息子にベタベタなんです。息子のことはなんでもわかってあげてる、という感じ。だから主人には、母親が子どもを理解していない、認めないなんて、想像すらできないんです」

わかってくれるはずという思い込み

では、彼女の母親は本当に娘を理解していないのだろうか。

私は試しに、「お母さんにとって、あなたは自慢の娘さんだと思いますよ」と言ってみた。自慢の娘、期待の娘だからこそ、目に見えるところでは厳しく接し、陰では実はそんな娘を誇りに思っている、そんな可能性も高いのではないか、と思ったからだ。すると彼女はちょっとのあいだ、考え込んでこう答えた。

「たしかに母は見栄っ張りだから、他人には私が発表会でこうだったとかこんな大学に行った、こんな学歴の男と結婚した、と自慢しているかもしれませんね。でも、それは心から私を受け入れ、誇りに思っているというよりは、私を使って自分が見栄を張りたいだけなんです。私は利用されているだけ、というか……」

夫の母親は、愛情から息子を自慢に思っている。ところが自分の母親は、あくまで自分の見栄のために娘自慢をしているだけ。

これが彼女の主張だが、その両者のあいだに線を引くことなどできるのだろうか。同じ子どもを自慢でも向こうとこちらは違う、というのは、彼女の一方的な決めつけ、主観にすぎないのではないだろうか。

しかし、母娘関係はこういう主観で語られ、いくら客観的な助言をしても、それが訂正されないことが多い。

なぜなのだろう。それはやはり、この章の冒頭で述べたように、母親側が「私は娘のことはわかっているし、それは娘に伝わっているはず」と疑いもなく思っているため、ひとたびそれが娘側の期待とズレてしまった場合にも、修正がきかないからだ。また娘側にも、「母親というのは娘をこれくらい理解してくれているはず」という思い込みがある。

「あなたのことはわかっているわ」「全然わかってもらえていない」。「これくらいわかっている」「もっともっとわかってほしい」。そういう掛け合いが際限なく続き、「わかってあげている」「わかってもらっている」というゴールに到達することがない。

このように母娘の場合は、互いが互いに「わかってくれて当然」と高い期待をもつために、よけいに「わかってもらえない」と思ったときの失望が大きくなる。そしてそれでもまだ「仕方ない。しょせんは別の人間なのだ」と割り切れず、「どうしてわかってくれないのか」と失望が怒りに変わる。これが母娘関係だと言ってもよいだろう。

同じ立場だからといって、わかり合えるとは限らない

では、同じ立場ならわかり合えるのか。

たとえば、台風が接近して避難勧告が出され近所の集会所に避難した人たちは、お互いに助け合い、ゆずり合い、力をあわせて非常事態を乗り切ろうとするだろう。その協力態勢の強化には、災害の被害を受けたという「同じ立場」ならではの結びつきもひと役買っているに違いない。またそこでは日ごろのちょっとしたご近所トラブルや好き嫌いなども棚上げされ、「とにかくみんなでがんばりましょう」という雰囲気になるのではないだろうか。

ただ、これはあくまで避難が一時的な非常事態だから起きることだ。

大地震などで避難生活が2カ月、半年と長引いていくと、避難所の中でも住民と職員、あるいは住民どうしのあいだに亀裂が生じたり対立が起きたりする、という話はよく聞く。東日本大震災が起きたあと、私は定期的に被災地を訪れ、住民の対応をする自治体職員のメンタル相談にあたってきたが、そこで語られる相談でも多かったのが、「被災された人たちどうしがトラブルを起こして役所に来たとき、どちらについてよいかわからない」というものだった。大地震の被害を受けたという同じ立場にいるのだから、お互いわかり合って仲良く暮らせそうなものだが、ある時期をすぎると逆に「どうしてあの人だけ補助を受け続けているのか」「いつも私に地区の仕事を押しつけてくる」といさかいが起き、それが激しくなることもある。

もちろん、その最大の原因は被災によるストレスが長引いているためだが、それ以外にも原因はあるような気がする。

それは、「同じ立場なのだからもっとわかってくれてもよいはず」と他人に対する期待が高まりすぎていることだ。

また、同じ立場でいろいろなことがわかり合えるからこそ、対立が起きやすくなる場合もある。たとえば被災して避難所にいる人たちは、「家に戻れない」ということによる不安、不自由などはお互いよくわかり合える。しかし、だからこそ避難所の一角で楽しそうに話しながら笑っている家族を目にしたとき、「不安はみな同じはずなのに、どうしてあの人たちだけ楽しめるのか」とよけいにその笑顔や笑い声が気になってしまう。そして、それほどの騒音でなくても、「うるさい、どうして静かにできないのか」とクレームをつけ、トラブルの発端となってしまうのだ。

さらには、同じ立場にいれば、小さな違いが目につきやすくなる。家を失ってつらいのはみな同じなのに、ある人は別の地方に子ども一家が暮らしていて「こちらに来れば」と言ってもらえ、ある人はどこにも身を寄せる先がない。そうなると、「被災して避難所にいる」とは言っても、その違いが決定的なものに見え、関係がギクシャクしてしまうことにもなりかねない。

そう考えていくと、同じ立場だからといってすべてをわかり合えるわけではないどころか、逆に「同じ立場はわかり合えないことの第一歩」とさえ思えてくる。

『セックス・アンド・ザ・シティ』はおとぎ話

ここまで「避難所に避難した住民」の例をあげたが、これはちょっと極端だったかもしれない。この人たちは非日常的な危機にあり、「同じ立場」はより具体的で、それによる結びつきは強い。避難のあいだ、多くの住民たちはわかり合い、力をあわせて危機を乗り切ろうとすることが多いだろう。

それよりもっと日常的に問題が起きるのは、「女どうし」という「ゆるめの同じ立場」においてだ。

「女子会」とか「ママ友」という言葉が広まり、いまでは「女性どうしの絆」というものがあたりまえのように存在すると誰もが思っているように見える。

しかしここまで語ってきたように、「女どうし」だからといってそれだけで強い絆が存在するわけもなく、また「わかってもらえる」「わかってあげられている」と思っても、それは錯覚だという危険性もある。また「女どうし」の対立、小さな違いからの亀裂などが生じることも簡単に想像できる。

「女どうし」の現在を考える前に、少しだけ過去を振り返っておこう。

いま言われている「女の絆」に世間の関心が集まったきっかけに、2008年頃に日本の地上波テレビでも放映されたアメリカの人気連続ドラマ『セックス・アンド・ザ・シティ』がある。この作品は間もなく映画化もされて、さらに話題を呼んだ。もともとは1998年から2004年にかけて、アメリカのケーブルテレビ局HBOで全6シーズンにわたって放映されたドラマである。

このドラマは、「セックス・コラムニスト」をしているニューヨーク在住の30代独身女性キャリーとその個性的な女友だち3人が恋に仕事に奮闘する、という設定だけが決まっていて、そこでいろいろなエピソードが起きる、いわゆるシチュエーションドラマだ。登場する４人の女性たちは恋、おしゃれ、仕事、お金などすべてを手に入れたいと貪欲で、しかも「女どうし」という気楽さから、かなり赤裸々に恋人やセックスの話を披露しあう。

ファンの声を載せているサイトには、こんな書き込みがあふれている。

「誰もが一度は経験したことのあるガールズの本音トークがいっぱい！　共感できます。やっぱり女友だちは最高」

「多くの女性にとっては、やっぱり恋愛が大事。いくら仕事が忙しくても、恋愛で人生の価値観までが変わったり。しかもそれをわかってくれる友だちがいるともっとステキ！」

「元気がなくなり落ち込んだときこそ、このドラマに限ります。これほど効くクスリはほかにないのです。何度勇気をもらったことか」

つまり、ファンの多くが、ニューヨークを舞台とした経済的にも恵まれたキャリア女性たちのこのドラマを、身近な友だちか何かの話のように自分を投影したり共感したりしながら見ていた、ということだ。

ただ、これを〝現実の話〟と思ってしまうと、とんでもない間違いに陥る可能性がある。このドラマや映画に大笑いしたあとで、こう思う人もいるのではないか。

「どうして私には、このドラマに出てくるキャリーやミランダのように、話が通じあえる友だちがいないのだろう。どうして私の職場の先輩は、私のことをわかってくれないのだろう。どうして同じ女どうしなのに、同級生たちと会っても本音を言えないのだろう……」

しかし、実際にはドラマで描かれているような「女どうしの絆」などそうそうあるわけではない。前述したように「女どうしはわかり合える」という雰囲気があるのはたしかだが、その絆はときには〝見せかけ〟であることもあり、その〝見せかけの絆〟で息苦しい思いをしている人も少なくない。

診察室には、その「見せかけの女の絆」に苦しみつつも、それを断ち切ることもできず、身動きがとれなくなっている人たちが大勢やって来る。

たとえば、先に出産を経験した女友だち、あるいは姉や母親に「あなたも早く出産しなさい」「子どもをもってみなくてはわからないことがある」などと迫られる、というのも「女どうしはわかり合える」という錯覚に苦しめられている人たちなのではないだろうか。

似た境遇ほど、違いが目につく

では、「女どうし」からもう少し立場の共通性を狭めればよりわかり合えるのか、というとそれも違う。立場の共通性が強まれば強まるほど、今度は「小さな違い」が目につくからだ。

その典型が「わかり合えないママ友」という問題だろう。

幼稚園にあがる前の子どもを公園に連れて行って「公園デビュー」し、子どもには同世代の友だちを、自分にもようやくママ友を見つけたとしても、そこから彼女たちとわかり合い、仲良くしていくのはたいへんなことなのだ。

まわりの人たちはこう思うだろう。「子育て中の母親であれば、キャリアウーマンだろうとセレブ妻だろうとシングルマザーであろうと、子育ての喜びや悩みは同じ。無邪気に遊ぶ子どもを見ながらそういった胸のうちを打ち明けあえば、いずれは打ち解けた関係を築くことができるだろう」

もちろんこれは、まったくの幻想である。母親たちにとって、「公園デビュー」がそう簡単なことではないというのは、多くの育児雑誌が「公園デビュー、いつするか？どこでするか？」といった特集を組んでいるのを見てもわかるだろう。また、その後のママ友との関係を保つのも簡単なことではない。どの公園にも明文化されていないルールがあり、集う母親たちには目に見えない派閥がある、と言われている。

角田光代の小説『対岸の彼女』（文藝春秋、2004年）に登場するふたりのヒロインのうちのひとり、小夜子が「仕事をしよう」と思ったきっかけも、娘のあかりの公園デビューの挫折であった。育児雑誌の指示通りの時間帯に指示通りの格好をして、住んでいるマンションから一番近い公園に行った小夜子は、何度か通ううちにこの派閥の存在に気づく。

「ボス的存在がいて、嫌われものとは言わないまでも、さりげなく避けられている母親がいる。三十歳を過ぎていた小夜子は、多くの母親たちよりだいぶ年長で、彼女たちの

派閥では『ちょっと異質な人』と見られていることも理解できた。（中略）

そうなるとその公園にいくにはとたんに気が重くなり、しばらく公園とは無縁で過ごしていたが、家にいればいたで、何か悪いことをしているような気がしてくる。公園にいってほかの子どもと接する機会を作らなければ、あかりの社交性は育たないような気がしてくる。

それで、この二年ほど小夜子は徒歩圏内の公園をぐるぐるとめぐっていた」

「公園でのママ友とのつき合い方」について意見を交換する掲示板などによると、場合によっては着ていく洋服の値段や趣味までそろえないと、〝さりげなく避けられてしまう〟ことがあるという。もちろん、そこでかわされる会話のテーマは〝ボス的存在〟が選択し、たとえ反論があっても「そうよねぇ」「本当にイヤねぇ」などと基本的にはその場の論調に際限なく同意しあうだけだ。時として、その場にいない誰かが「○○さんって、ちょっと自己チューだと思わない？　このあいだだって……」とスケープゴートに選ばれる場合もある。

公園での母親たちの会話や微妙なバランスがわかると、働く女性や男性の多くは「くだらない」と言うだろう。「主婦は『自分がまわりから浮かないように』なんて、小学生みたいなことにそんなにエネルギーを使っているのか。時間の無駄遣いだ」と。しかし、母親のほとんどはそれを心から楽しんでやっているわけではない。本当はジーンズが好きなのにその公園のルールにあわせてハンパな丈のスカート姿で、興味もない韓国ドラマの話題にあいづちを打っているよりは、家で資格を取るための勉強でもしていたい。そう思っている人はたくさんいるのだ。

それなのに、そうできない。それは、小夜子が言うようにそうしていると「何か悪いことをしているような気がしてくる」からだ。漠然とした罪悪感は、やがて「子どもの社交性が育たないのではないか」「子育て情報から遅れるのではないか」といった具体的な不安に変わる。「ほかの子どもはもう英語学習を始めているのではないか」といったあせりも出てくる。そんなことで悶々としているよりは、多少イヤなことがあっても、公園にい続けたほうがよい。そんな切羽詰まった気持ちで公園にいる母親も少なくないに違いない。

違和感が憎しみを生んだ「音羽お受験殺人」

20年近く前のことになるが、いまだに〝ママ友〟のつき合いのむずかしさを象徴するといわれるひとつの事件が起きた。1999年11月に東京・文京区で起きた幼児殺害事件（その後、マスコミでは「お受験殺人事件」という通称で呼ばれた）である。

この事件では、被告の女性Yと被害者の幼児の母親は同じ公園に集う〝ママ友〟であったことが、世の女性たちに大きな衝撃を与えた。そして、取り調べが続く中で、殺害の動機はY被告の娘が抽選で落ちた小学校に被害者が合格したから、といった単純なことではなく、公園でのリーダー格だった東京出身の被害者の母親と地方から越してきたY被告との関係などが複雑に絡んでいることがわかった。

裁判が進む中、被告は意見陳述の場面でこう語ったと報じられた。

「私がもっとしなやかにものごとを受けとめていたら、○○さん（被害者）は生かされていた命であったのにと。△△さん（被害者の母親）と知り合ったことをよい方向へもっていけなかったのは、私の心の問題だと思います。子どもの頃からよい子としてふるまい、一生懸命働いてきました。子育てを始めてからは、母親どうしの中でとても狭い世界で生きてきました。もっと広い視野で生きていけばよかった」

公園で知り合った当初は、被害者の母親と長年の親友のように気が合う、と思ったY被告だが、つき合いが続くうちに生活スタイルや価値観の違いに気づいていく。ふつうはそこである程度の距離を置くはずだが、Y被告にはそれができずに相変わらず〝べったり〟の関係を続けた。そのうちに、最初に気づいた違和感は次第に憎しみへと変わり、ついに刃が母親本人ではなく弱い娘に向かったのだ。

なぜY被告は、「あ、これは違うな」と気づいた時点でその母親から離れなかったのか。理由のひとつはおそらく、本人が述べているように「狭い世界で生きて」いたことにあるのだろう。リーダー格のその母親と距離を置くということは、もうその公園にはいられないということを意味する。それは、彼女にとってはその地域で生きていけないことと同じなのだ。おそらく「この公園を出ていくことになったら、私たち母娘はおしまいだ」といった追い詰められた心境だったのではないか。

「わかり合えなければいけない」という強迫観念

　では、なぜそこまで追い詰められなければならなかったのか。Y被告の弁護人は、裁判の中で問題を読み解く鍵は「過剰適応」だと公判で説明した。

　過剰適応とは、自分を取り巻く環境に、自分に無理をさせてまで合わせすぎることを指す。まわりからはなんの問題もなく見えるが、本人は感情や欲求を抑え続けているので、それがストレスとなって、さまざまな心身の不調につながりやすい。

「過剰適応をしていた被告人は、誰からも好かれたい、誰からも後ろ指をさされたくないと思っていた。生活環境、性格、考え方の違う被害児の母にも、すべて合わせようとしてしまった。被告人は、長男が幼稚園に入る前は、ほかの母親より被害児の母と過ごすことが多かった。長男どうしがとても仲が良かった。被害児の母は、幼稚園入園後はほかの母親Cさんと急速に親しくなった。被告人は疎外されたと感じた」

　誰からも好かれたい、後ろ指をさされたくない、というのは、多くの人に備わったあたりまえの感情だろう。しかし、だからといって自分の意思や感情を抑えてまでまわりに合わせようとすると、たとえその結果、「誰からも好かれる人間」になったとしても、本人の達成感、満足感はそれほど大きくはない。逆に、疲労感や無力感がつのるばかりだ。さらにそれが進行すれば、「こんなことしてまわりに好かれても、何にもならない」と虚無感にもさいなまれるようになる。

それならば多少、まわりからは浮いていても、自分のやりたいようにマイペースで過ごすほうが心の健康のためにはよい、とわかっていても、過剰適応タイプの人にはそうできない。好きなようにやっていると、それだけで「何か悪いことをしているような気になってくる」からだ。むなしさや疲れがどんどん溜まっていっても、「まわりに過剰に合わせる」ことをやめるわけにはいかない。そのうち「なぜ私だけがこんな目に」「いつまで苦しまなければいけないの」という理不尽さや被害者意識を感じるようになり、それが「悪いのは親だ」「ママ友だ」と他者への責任転嫁につながっても不思議ではない。おそらく、〝お受験殺人〟のY被告はそんな状況に追い込まれていた。

そして、この「過剰適応」の傾向と「公園デビューしママ友を作り、楽しくわかり合わなければ失格」という価値観は、小説の小夜子やY被告、さらにはいま多くの母親たちにも共通して見られるものなのではないだろうか。彼女たちにとっては、楽しいはずの「公園デビュー」も「恐怖ではあるが、なんとしても乗り越えなければならない高いハードル」なのだ。

なんとしてもママ友を作らなければならない。そして、ママ友ができたからには、相手のことをわかってあげなければならない。自分のこともわかってもらわなければならない。そうできないのはおかしいことであり、間違ったこと。

こういうとらわれが、ママ友たちを苦しめ追い詰めている。

「女性に生まれる」ということは、母親と同じ性であり、さらに子どもを産んで母親になる性であるということだ。「娘でもあり、母親にもなれる」というのがすばらしいことではあるが、それに伴う困難もいろいろ生じる。「娘であるからには」「母親として」といったとらわれから解放されず、母娘、ママ友などさまざまな関係性の中で期待をしてはそれがかなわず、失望や怒りを感じてはまた期待してしまう。「みなそれぞれ別の人間なのだから、わかってもらえなくて当然なのだ」と割り切れず、いつまでも悩み、苦しみ、ついに病気になったり犯罪に手を染めたりする人もいる。「自分は自分、ともっと自由に生きればいいのに」と言葉をかけてあげたくなる。

第3章

パートナーや恋人にわかってもらえない

夫の無関心が熟年離婚を招く

あなたは、誰に自分のことを「わかってほしい」ですか。

もしそういう質問をしたら、年齢や立場に関係なく、その答えのトップは「妻や夫などの配偶者」「恋人」などいわゆる「パートナー」となるのではないだろうか。

逆に診察室で「誰にも自分のことをわかってもらえない」と訴える中には、未婚であったり恋人がいなかったりする人が少なくない。「恋人でもいれば、私のこんな話も聞いてもらえるのでしょうが」「結婚してる友だちはうらやましいです。絶対的な味方がいるのですから」という言葉がその人たちからよく聞かれる。

しかし一方で、「夫がいるのにわかってもらえない」「恋人は自分のことばかり。私のことになんか関心がない」という声もとても多い。

いないときには「相手がいさえすればわかってもらえる」と思い、いればいたで「いるのにわかってもらえない」と思う。それがパートナーというものなのだろうか。

そして、配偶者なり恋人なりのパートナーがいるのに「わかってくれない」と訴える人たちの中には、たしかに本当に相手が無関心らしい、としか思えない気の毒な人もいる。これまでは「それなりにわかってもらっているのだから、それ以上、期待しないで」という話をしてきたのだが、夫婦や恋人など異性どうしのパートナー関係においては、「相手の人、もっとわかってあげればよいのに」とつい言いたくなるケースも少なくないのだ。

最近とくに多いのが、「夫は家に帰ってくると、スマホでゲームばかりやっています。食事中でも寝る前でもとにかくずっとスマホ。仕事のストレスを発散するためだから仕方ない、とは思っていますが、私が話しかけても上の空で会話の時間がぐっと減ってしまいました」という〝スマホ・ウィドウ（未亡人）〟状態に陥っている人だ。

かつて「同じ家にいるのにメールやラインで会話」という家族が増えている、と話題になったことがあったが、それはまだよいほうで「目の前にいるのにスマホで別世界に」という夫や妻、恋人が増えているのかもしれない。もちろん両方ともそれぞれがスマホでゲームしたりＳＮＳを見たりしているのならまだよいが、片方は「話したい」と思っているのに片方が別世界では、いっそう「わかってもらえない」という不満が強くなるのは当然だ。

また、スマホ依存ではないにせよ、「仕事が忙しい」などの理由でいっさい妻に関心を払おうとしない男性などもいまだに少なくない。診察室に来る女性の問題の背景に明らかに夫の無理解などがある場合、「次回はご主人もいっしょにお越しください」などと伝えることがあるのだが、たいていは「来ない」か「来たとしても不機嫌」だ。

「私は何も悪いことはしていないはずです。夜遅くまで働いて、給料もほとんど家に入れているし、趣味といっても休日のゴルフくらい。浮気もしていないしDVだってしていない。それなのにいったい何が問題だと言うのですか？」

「仕事をして浮気やDVをしなければ夫として満点」と思っているところがすでに問題ですよ、と言いたいところだが、そう伝えてもわかってもらえそうにはなく、途方に暮れることも少なくない。

そのひとつの結末が、「熟年離婚」なのではないだろうか。

この「熟年離婚」というのはすっかり日常的な用語になったが、診察室でも50代、60代というういわゆる熟年世代の人たちから「離婚したい」という言葉を聞かされる機会はけっこうある。

熟年世代になり、「離婚したい」と言う人たちのほとんどは女性だ。男性から聞くのは、「妻から離婚してほしい、と言われた」「妻が出ていった」ともっぱら「熟年離婚された」という相談である。

では、妻たちはどうして夫と別れようとしているのか。夫の暴力、浮気、借金、アルコール依存といった具体的な原因があるのか。夫の両親の介護がイヤだからか。少なくとも私が相談を受けたケースでは、そういう具体的な原因があった人は少なかった。

若い頃からの夢をわかってもらいたい

ある女性の話を書いてみたい。

その女性、ミドリさんは60歳を迎えたばかりなのだが、「残りの人生、勉強したい」と考えて昔から好きだった教会美術を学ぶためにイタリアへの短期留学を思い立った。姪がかつてその町の大学に留学し、「教会がいっぱいあってすごくステキな場所だし、世界中からサマースクールに大勢の人がやって来る」と聞いていたことを思い出したのだ。

インターネットで情報を集め、ミドリさんは夫に切り出した。

「留学といってもたった3カ月間なの。お金はちょうど私の名前で預けていた定期預金が満期になるので、それをあてようと思う。あなたも夏休みを取って7日間くらい来てもらってもいいし、もし有休が取れるならイタリアのほかの町にもいっしょに行ってみたいわね」

ミドリさんの夫は定年で会社を退職扱いになったあと、再雇用で同じところで働き続けていた。1年更新で以前ほどの重責はない、と聞いていたので、有休も取りやすいだろうと考えたのだ。

すると夫は、ミドリさんの用意した資料に目をやることもなくこう言った。

「おまえ、なに女子学生みたいなこと言ってるんだよ。自分がいくつだと思ってるんだ？　オレだって働いてるのに、食事や掃除はどうなるんだよ。おふくろの通院の付き添いだってあるだろう？　いつまで〝夢見る夢子〟をやってるつもりなんだ？」

あまりの言い方に驚いたミドリさんが、「もちろんいまさら留学という年ではないことはよくわかってるけど、でも若い頃から興味があったことだし。ほら、息子が生まれる前、地元の大学の市民講座で教会建築のコースに通ってたこともあったじゃない。いまだって毎月、美術雑誌を読んでいて、ときどきそこに書いてあることをあなたにも話すじゃない」と説明したのだが、夫は「そんなこと覚えていないし知らない」とバッサリ。

それを聞いてミドリさんは、「これまで30年以上、私が何に興味あるのかにもまったく気づいてなかったし、最近よく話題にしたことも覚えていなかったんだ」と愕然としたという。そして、これまで何カ月もかけて短期留学の夢を膨らませ、資料を集めていたことがすべて踏みにじられたような気がした。診察室でミドリさんは言った。

「たかが3カ月の留学に行けるかどうか、と言われればそうなのですが、私にとっては長年、いちばん大切にしてきたことなんです。それに無関心ということは、私のことをまったくわかってくれなかったんだな、って。もうこれ以上、この人といっしょにいるのは無理です。離婚したい……」

おそらく夫は、それを聞いても理解できないだろう。その場に夫がいたら、こう言うに違いない。

「なに言ってるんだ。君にとっていちばん大切なのは、ふたりの子どもとオレ、そしてこの家だろう？　それ以上にその教会なんとかが大切なのか？　違うだろう？」

もちろん、ミドリさんにとって家族は何より大切なものであることは言うまでもない。また人生の多くの時間を彼らのために費やしてきたのも事実だ。

しかし、ミドリさんというひとりの人間にとって、その心の真ん中にあってときおり表に浮かび上がってくるのは、「美術が好き。教会建築が好き。いつか本格的に勉強したい」ということだったのだ。

そのことにまったく気づいていない夫は、結局、自分のことを何ひとつわかってくれない人。ミドリさんがそう思っても不思議ではない。それが夫にはわからず、「女性は子どもがいちばん大切なはず」などとまったく大ざっぱな考え方しかできていなかった、ということだ。

これでもさらにがまんを続けると、ついに妻は「夫の顔を見るだけで気持ち悪くなる」「夫が使った食器を洗っていると吐き気がしてくる」「夫の下着を洗濯するのが苦痛でどうしてもできない」といった生理的嫌悪すら覚えるようになる。

残りの人生、これでいいのか

妻はいつから、どうして、愛して結婚したはずの夫に対して、このような生理的嫌悪感を抱くようになるのだろう。ここでもうひとり、別のケースを紹介しよう。この人は、悩みの本質が先ほどのミドリさんよりさらにわかりにくい。

51歳のキヨミさんの夫は、ひと回り年上の税理士だ。キヨミさんは塾講師として週に2回、近所の学習塾で子どもに英語を教えていたが、それ以外の時間は主婦業に専念している。趣味は園芸と料理で、ときどき友人が開く料理教室の助手をしながら、料理の腕を磨くのが楽しみだった。ふたりの子どもは大学生で手がかからない。

「夫は税理士としてそれなりの収入もあります。大きめの家を建て、そのローンもようやく終わりました。お酒は嫌いじゃないけど飲みすぎることもないし、パチンコやマージャンもしません。趣味は読書です。おかげさまで身体もいまのところ、健康ですし。友人たちからは〝あなたは本当に幸せね〟と言われています」

最初、そう聞いたときは、「いったいこの人はなんの相談に来たのだろう」と不思議に思った。問診票の「いま気になる症状」の項目には「生きているのがむなしい」とあり、「思い当たる原因」には「夫との問題」と記されていたのだ。「生活にはとくに問題はないわけですよね、ではなぜ……」と私が話しかけると、キヨミさんはそれをさえぎるようにして、こう語り出した。

「そうですよね、おかしいと思います、自分も。でも、私も更年期にさしかかる年齢になってきて、ふと〝これでいいのだろうか〟と思ったんですよ。たしかに、いまの生活に不満はありません。外から見ると幸せかもしれない。ただ、夫が引退した後もいっしょに生きていくのか、と思ったら、どうしても耐えられなくなってしまったんです」

キヨミさんの話によると、夫は「何も問題は起こさない」ものの、それ以上、ふたりの人生について前向きに考えてくれることもないタイプだということ。キヨミさんが「ちょっと聞いてほしいんだけど」と相談すれば「どうしたの?」と耳を傾けてくれるが、答えはいつも決まって「君の好きにしたら」。夫は年齢的に60代半ばとなり、自分の健康には気をつかっているが、キヨミさんへの気づかいはない。

「それがどうした、と言われれば、返す言葉もないのですが、何かが……違うんですよねえ」

キヨミさんはため息をついた。そして、この「何か違うかもしれない」という疑問が「絶対に違う」という確信に変わったのは、友人からのメールを見た瞬間だったという。

「学生時代の親友は、ご主人が早期退職の道を選び、そうしたらさっさと東京の家を売って、オーストラリアにすぐに移っちゃったんです。その引っ越しのお知らせには、『夫はガーデニング、私は写真撮影の日々。ふたりで長年、語り続けてきた夢をついに実現します』と書かれてました。そういえばその友だちは自然が大好きで、いつも自分で撮った写真入りの年賀状をくれてたんです。ご主人、ちゃんと自分の奥さんのことをわかってあげてたんですね。

それに比べてウチの夫は、私がどういう人間で、何に興味があって、この先、どうしたいのかなんて関心もないし、実現してあげようなんて思いはさらさらない。結局、私じゃなくたって誰でもよかったんですよ。これでは、なんのために生きてるのかわかりません。離婚して、私は私らしく生きたいのです」

そしてキヨミさんは、この話をまだいっさい、夫にはしていないと言った。

「夫になんかこんな話をしても、わかってはくれませんよ。きっと、〝なにワガママ言ってるんだ〟とイヤな顔されるか、せいぜい〝更年期ってやつだろ。友だちとうまいものでも食べてこいよ〟と言われるか。夫は私が、友だちに会って高いランチすればそれで満足だと思っているんです。だから、引っ越しやなんかの準備も全部して、離婚届にも記入して、いよいよ荷物を運び出す日に伝えるつもりです」

人生に求めるものが違っている

ミドリさんもキヨミさんも、自分のこれまでの人生、残りの人生について真剣に考え、自分らしい人生をまっとうしたい、と考えている。

それは、いまの時代を生きる人間としてあたりまえのことだとも言える。

心理学者のA・H・マズローは、1950年代に「人間がもっている欲求は、段階的に高度化していく」とする「欲求段階説」という学説を提唱した。

これによると、人間の欲求は、低次元の欲求から高次元の欲求まで5段階の階層をなしており、低次元の欲求が満たされると次の欲求段階に進むとされている。その5段階とは、次の通りだ。

1. 生理的欲求――動物的生存の保障に対する欲求
2. 安全の欲求――危険や脅威から保護されたいとする欲求
3. 社会的欲求――集団や家族への帰属を求める欲求
4. 自我の欲求――他者から尊敬や賞賛をされたいとする欲求
5. 自己実現の欲求――自己の潜在能力や創造性の発揮に対する欲求

つまり、日本のように十分な豊かさが実現されている社会では、多くの人がこの欲求の第5段階、つまり「自己実現の欲求の段階」にいると考えられる。

ミドリさんやキヨミさんは、マズローの第5段階の「自己実現の欲求」を若いときからもちながらも、子育てや夫の世話などで長年、それを実現する機会に恵まれずにいた。

ただ、ずっと「自分らしく生きたい」とは思っており、まずはそのことを夫に「わかってもらいたい」と思っていた。また、子育てなどが一段落し、いよいよ自己実現のための行動を起こせるときが来て、それを夫に伝えたら「それはいい」と喜んでくれるはず、と思ったのかもしれない。

ところが、実際の夫の反応はその期待とはまったく異なるものであった。

多くの男性たちはまだこれまでの「社長がいちばん偉く、部長、課長と下がってきて、平社員が最底辺」というピラミッド型社会のシステムにとどまり、「早く出世したい」「少しでも高い収入を得て、家を建てたい」などと願っている。そして熟年世代に達した男性は、これまで職場で長いあいだ努力を重ねてきて、それなりに結果を残し、家族もきちんと養ってきた、という自負とともに、すでにこの時点で「人生の大きな目標は達成できた」という満足感を抱いているのだろう。

それに比べるとミドリさんやキヨミさんのように主婦として生きてきて会社中心のピラミッド型社会に組み込まれてこなかった女性たちのほうが、より早く第5のステージに足を踏み入れている、と言ってもよいかもしれない。

とはいえ、これは仕事をもつ若い女性たちにとっても同じだ。クリニックで話す20代、

30代の働く女性たちの多くにとって、「仕事の成功」とは単に高い収入や地位を得ることを意味しない。彼女たちも、ミドリさんやキヨミさんと同じように、「私らしく働きたい」「ほかの人にはできない仕事がしたい」「給料が安くてもやりがいが得られる仕事がいい」と「私らしさ」「かえのきかない私」「やりがい、生きがい」にこだわっている。まさしく「自己実現」こそが、彼女たちにとっては働く動機や目的そのものになっているのだ。

この差は、熟年世代の夫婦になるといよいよはっきりしてくる。

それはつまりこういうことだ。「私らしい人生の充実と完成はまさにこれから」と考えている妻と、「自分の人生はすでにほとんど完成した、あとはこれを維持するだけ」と考えている夫。夫と人間として対等に真剣に向かい合いたい、と願っている妻と、妻も含め家族は「養うもの」と考えている夫……。

その違いは目に見えないだけに、初めの頃は夫婦のあいだでもほとんど問題にならないが、子どもも育ち、夫の定年も近づき、いよいよ夫婦ふたりの時間がやって来る頃になると、それは見過ごすことのできない深刻な亀裂となるのだ。

そして、妻たちは「わかってくれない」と感じるようになり、「こんな夫といっしょに老後を暮らすくらいなら離婚したほうがよい」と思うことさえあるのだろう。

満足度に夫婦間で大きな格差

女優・坪内ミキ子さんが実母の介護体験談をつづった『母の介護』（新潮新書、2007年）には、介護に仕事に奔走する妻を夫が微妙な距離を置いて見守る様子がユーモラスかつ皮肉混じりに描かれている。

坪内さんが言うところによると、「妻は風邪を引いて寝込んでいても、明治生まれの夫は『メシを作れ』と言い、最近の夫は『君の分も作ってあげようか』と言い、大正や昭和一ケタ生まれの夫は『メシはいいよ、外で食べるから』とは言うが、妻の食事の分までは気にしない。我が家はまさにその昭和一ケタタイプ」とのことであった。

つまり、実母の介護などで夫の食事の支度が手抜きになっても夫は文句は言わないが、だからといって妻に「たいへんだね」とねぎらいの言葉をかけたり、「何か手伝うことはない？」と協力を申し出たりはしないようなのだ。

もちろん、1940年生まれの坪内さん自身も典型的な〝昭和の女〟なので、そういう夫に対してもとくに不満を表明することもなく、「主婦業はたいへんだ」とときおり弱音を吐きながらも、淡々と家事・仕事・介護のすべてをこなそうとする。おそらく坪内さん世代の妻たちの多くは、夫に自分の気持ちや考えを伝えて理解してもらおうなどとは考えてさえおらず、「口出しされないだけマシ」「邪魔されないだけありがたい」と思っているのかもしれない。

そして、そういう妻の超人的ながんばりに支えられて生活している夫たちの多くは、妻が「わかってくれない」と不満を抱いていたり「仕方ない」とあきらめたりしていることもまったく知らずに、「自分の妻はまあまあいまの結婚生活に満足している」と思っているのではないだろうか。

それは、いくつかの社会学や心理学の調査研究からも明らかだ。心理学者・柏木惠子氏の『家族心理学』（東京大学出版会、2003年）からいくつかを紹介しよう。

いまから20年前の調査になるが、1997年に行われた夫婦を対象にした聴き取りでは、妻側の「配偶者に対する愛情・満足度」は結婚当初から同じ水準を保ち続けているが、結婚14～15年目頃から急激に低下し、その後は下降し続ける一方。ところが夫側の満足度は結婚後、次第に上昇し、やはり妻同様、結婚15年目頃から降下はするものの、その減り方はゆるやかだ。そして結婚20年目くらいになると、夫婦の満足度には非常に大きな隔たりが生じることになる。そしておそらく、夫たちはこの〝格差〟にはまったく気づかず、「妻も自分以上にこの結婚生活に満足しているはずだ」と信じ込んでいるのではないか。

以心伝心は夫側の思い込み

では、この結婚生活における満足度は、何により決定されるのだろうか。

最近の家族心理学の研究では、妻の結婚満足度を左右する重要な要素として「夫の情緒的サポート」が注目されている。これは、「私という人間に関心をもってもらいたい、わかってほしい」ということとほぼ同じと考えてよいだろう。

先にふれた『家族心理学』で紹介されている研究によると、とりわけ専業主婦たちは職場や家族以外の人たちからのサポートや評価を得る機会がほとんどないので、夫からのサポートがほとんど唯一の情緒的なケアとなる。

もっとわかりやすく言えば、仕事をもっている女性は、家庭で夫とのコミュニケーションがうまくいかなくても、職場で自分の存在価値を確認することもできるが、専業主婦は夫から関心をもたれなければ誰にも振り向いてもらえないということになり、自信を失い不満が高まる、ということだ。

それにもかかわらず、夫たちは自分の妻が専業主婦だからとくに気づかい、繊細にケアする、ということはないだろう。診察室に来る男性の中には、自分の妻に関してこんなことを言う人もいる。

「私は仕事のストレスからこうやってうつ病になってしまいましたが、妻は専業主婦だから、毎日、気楽なもんですよ。うらやましい」

そういう男性に「奥さんは日中、どんなことをしているのですか？」などと質問すると、「昼間ですか？　何やってるんだろうなあ。まあ、ロクなことはしてないでしょう。テレビ見てるか昼寝してるかじゃないですか」と、「ほとんど無関心」であることがわかるような答えが返ってくることが多い。

もちろん、専業主婦の妻は「いつも気楽で何もしていない」わけではなく、働く女性以上に夫からの情緒的サポートを待っている、つまり「わかってもらいたい」と思っているのだが、夫はそれにまったく気づいていない。週末に妻が「たまには外食でもどう?」と持ちかけても、夫は「オレは毎日、外に出ているんだから、週末くらい家で食わしてくれよ」と出かけようとしない、という話もよく聞く。

では、夫の側は妻に「わかってもらいたい」と思っていないのだろうか。

それは違うと思う。とはいえ、実は夫はすでに妻に相当、「わかってもらっている」のである。

「妻の話なんか聞けるか」と言っている夫たちも、実は自分の仕事の話はけっこう妻に聞いてもらったり、落ち込んでいるときは妻に慰めてもらったりしているのだ。ときには、妻に「あなたはやればできる人なんだから」「社長賞の最終候補まで残ったの?それはすごいじゃない」などとほめてもらっている夫も少なくないだろう。

もちろん、その中には「おだてててでも働いてもらわなければ困るから」という妻の打算も含まれているかもしれないが、「妻に家事をしてもらわなければ困る」というのは夫側も同じはずだ。それにもかかわらず、夫が妻に「君はこのマンションでいちばん料理がうまいんじゃないの？」「料理には本当に才能があるんじゃない？」などとほめたりおだてたりすることは、ほとんどないと思う。

ある自治体の男女共同参画センターで行われている「夫のためのコミュニケーション講座」のテキストを見て驚いたことがある。その冒頭に、「食事を作ってもらったら、妻に〝おいしかったよ、ごちそうさま〟と言いましょう」と書かれていたのだ。つまりそれくらい世の夫たちは、妻に対して感謝や評価の声をかけていない、ということだ。「〝自分らしさ〟とは何か、をわかってあげる」という段階からほど遠いのだ。

また、熟年離婚を考えている人たちに年金分割の仕組みをわかりやすく解く、「離婚問題・熟年離婚　年金分割の基礎知識」というサイトがある。しかしこのサイトは単なる〝離婚のススメ〟にはとどまっておらず、「熟年離婚を防ぐために」など離婚予防のための情報、アドバイスも多数、紹介している。そしてここでは夫たちに対して、コミュニケーション不足の危険性が次のように説かれている。

夫が「おい、あれ」と言った時にそれが何を指しているか妻がわかるのは、一生懸命考えることを長い年月ずっとやってきたからです。

それは以心伝心というより、妻の努力です。

もっとも、この夫婦がこういう会話をする関係を互いに心地よいと思っており、信頼関係があるならそれは以心伝心でしょう。

「うん、そうそう、うちは以心伝心夫婦だ」と思った方、いらっしゃるでしょうか？

そう思うのは、夫の方だけかもしれませんよ。

「ありがとう」とどんなに心の中で思っていたとしても、言葉に出して言わなければ伝わりません。

以心伝心に頼ったり甘えることなく、積極的に言葉に出して、ぜひ夫婦のコミュニケーションを取る努力をしていってください。（「離婚問題・熟年離婚　年金分割の基礎知識」http://dmst.info/より）

夫を見限って韓流ドラマや出会い系へ

結局、「ウチは以心伝心だから」などと高次元なことを言ってみても、そこで妻に伝わっている（と夫が思い込んでいる）のは、やはり「メシ・風呂・寝る」のレベルなのではないだろうか。こうなると、問題は妻と話をしない、話をする時間が少ない、といった単純な物理的な問題ではなく、「そもそも話すべき内容を持ち合わせていない」という本人の人間性の問題となってくる。

もっと残酷な言い方をすれば、妻たちは「会話が少ないから夫が嫌い」なのではなく、「中身がないから嫌い」なのだ。「何十年も仕事をやってきてそれなりに成果もあげた。何億円のプロジェクトをやり遂げたこともある」と反論する夫もいるかもしれないが、「与えられた仕事をまじめにこなす能力」と「人間的な魅力」は別、ということに妻たちは気づいた。いや、彼女たちは最近になってから気づいたわけではなく、昔からそれを知っていたのだが、以前はその「まじめに働く能力」さえもっていれば人間性の部分は〝少々難アリ〟でもまあ、仕方ないか、と大目に見てきただけだったのだ。そうでもしなければ、経済的基盤がキープできないからだ。

ところが、女性の社会進出に拍車がかかり、年金分割の制度も導入されて、女性は夫の人間性の欠落に目をつぶる必要がなくなった。

爆発的に流行し、今なお主婦たちに根強い人気を保つ韓国ドラマでは、登場する男性たちのほとんどは、やさしさ、思いやりなどにあふれている。「やさしいけれど病気や誰かの陰謀で社会的・経済的には恵まれない男性」と「強欲で冷酷だが輝かしい成功を収めた男性」とがひとりの女性を奪い合う、といった設定もよくあるが、見ている人たちのほとんどは前者の男性に肩入れすることになる。韓国ドラマの大人気は、「夫や恋人に求めるべきなのはお金や地位ではなく、やっぱりやさしさなのではないか」と目覚め始めた妻たちの増加と無関係ではないだろう。

ただ、いまのところは妻たちはまだ、「お金なんかまったくいらないから、とにかくやさしくて話を聞いてくれる男性がいい」とまでは思い切れずにいる。ホストクラブの人気やいわゆる〝出会い系〟で夫以外の男性たちとメールやデートを楽しむ妻たちの話がちらほら聞こえてくるところを見ると、「生活のために会話のない夫との生活を続けながら、精神的満足はほかの男性で得る」と〝役割分担〟を求める女性も次第に増えてくるのではないかと予想されるが、そこまで割り切ることには罪悪感を覚える人も少なくない。

そう考えれば、とくにこれから老後を迎える50代、60代であれば、まだ間に合うかもしれない。夫が自分の人間性を一気に高めるのは無理かもしれないが、せめて妻の人間性にもう少し関心をもち、「何が食べたいんだ?」ではなくて「最近、どんな本を読んでるの?」「趣味のヨガはどう? 精神的にもけっこう変わるんじゃない?」などときいてみるだけでも、かなり違うのではないだろうか。

第４章

まるごとわかってもらいたい

誰しも心に小さな穴を抱えている

「何を話しても上の空。帰宅してからはずっとスマホのゲームばかり」と夫の無関心を嘆く女性からの相談を診察室で聴きながら、「これは妻側の〝心の問題〟ではなくて、夫側の態度の問題だ」と思うことがある。もちろんその逆もあり、妻の関心がすべて子どもに注がれ、夫側が「自分のことなんてどうでもいいと思っているようだ」と話に来るケースも少ないながらある。しかし一方で、客観的にはそれなりにふたりの関係性を保つために努力してくれるパートナーに対して、「もっとわかってほしい」と要求の水準が高くなりすぎている、というケースも少なくない。

そういう場合、結論を言えばその人たちが求めている「わかってもらっている」という状態は、現実の次元をはるかに超えた幻想の次元にあるものだ。つまり、どれだけ相手が熱心に「あなたのことをわかってあげたい」と思ったとしても、その人たちの欲求が満たされることはない。

では、なぜそういうことが起きるのか。それは、人間として生きているからには必ずと言ってよいほど、「自分の望んでいた人生と何かが違う」「心に小さな穴が開いている気がする、しっくりこない」という不全感、違和感を抱えていることに関係している。精神分析学者のフロイトは「あらゆる人間は神経症である」と言ったが、これも人間であるからにはなんらかの葛藤を抱えているのが当然、という意味と考えてよい。たとえばフロイトは、同性の親に敵意を抱く「エディプス・コンプレックス」はなんらかの病ではなく、男性にとって普遍的な葛藤だと考えた。だから、逆に考えれば「僕はお父さんを尊敬してます。一度も反抗したことなんてありません」などとエディプス・コンプレックスがない人のほうが問題ということだ。

しかし、違和感、不全感、葛藤のかけらなどは、私たちにとって愉快なものではない。心にチクチクとささったり落ち着かない気分にさせられたりし、「できればこれを取り除いてほしい」と思う。フロイトは、だからこそ私たちはたとえば社会的に認められたい、作品を作りたい、といった生産的な欲求をもつことができる、と考えた。違和感や葛藤を自分で埋め合わせようとすることで、結果的に成長や向上につながるのだ。

ところが、この「心に開いた穴やズレ」を自分ではない誰かになんとかしてもらいたいい、と私たちはしばしば思ってしまうこともある。「もっともっと私のことをわかってもらいたい」とパートナーに際限なく望む人も、そのひとりと言えるだろう。

もちろん、自分を理解し愛してくれる相手に出会いたい、というのも人間にとって当然の欲求である。しかし、この人たちが求めている「愛」は、いつの間にか「異性どうしのよい関係」で見られる「愛」をはるかに超えてしまう。むしろ、「どんな私でも神さまは受け入れてくださる」という、ある意味宗教的な愛に近いものだといえるだろう。「私はからっぽな存在だけれど、そういう部分も含めてこの人は愛してくれているんだ」と思いたい。また、「そうか、私はこの人に出会うためにこの世に生まれたんだ」と自分を納得させたい。そう思ってしまうのだ。

しかし、そこまでの水準を実際に目の前にいる異性に求めようとしても、なかなか得られないことは明らかだ。おそらく「どんな欠点も含めて、これから先どんなことがあっても、あなたのことを愛することを誓います」と言ってそれを実行するような、それこそ〝神さま〟のような異性など、実際にはいないはずだ。「一生、何があっても愛してるよ」「僕は君に出会うためにこの宇宙に存在してるんだ」といったささやきは、恋愛の初期に見られるむつごとであり、それを意味のある約束とあまりとらえないほうがよいだろう。

しかし一方がそれを「約束」ととらえ、一方が「むつごと」としてとらえてしまうと、そこで悲劇が生じる。片方が「この人は運命の相手で、何があっても別れないに違いない」「ついに私のすべてを受け入れて、永遠に愛してくれる人にめぐりあえた」と思っても、相手がそこまでの幻想を抱いていない場合、関係がいつかギクシャクしてくる可能性もある。

「永遠の愛」がほしい

こういうケースを診たことがあった。診察室に来た30代のシングル女性がこう言ったのだ。

「職場でも結婚している人は、月曜になると週末に家族でどこに行ったかとか、そんな話ばかり。その人たちは『永遠の愛』を手にしてるんだと思います。病気になってもリストラされても、配偶者がいれば心配ないですよね。職場で何があっても、家に帰れば話を聴いてくれる人がいるなんてうらやましい……」

その女性は、実は少し前までいわゆる「不倫の恋」をしていて、その関係のストレスから心身の調子を崩して通院していたのだ。結婚して家庭をもっている男性の中にはいかにいいかげんな人がいるか、彼女は身をもって体験しているはずなのだ。それなのに、彼女の目に映る「ほかの結婚」は、かくも理想的な関係ばかりに見えてしまうのだ。

彼女にはそれとなく「結婚しても、相手が全部を受け入れ、わかってくれているとは限らないのではないでしょうか」と言ってみたのだが、「結婚って家族になることでしょう？　家族の愛は永遠だと思うんです」という答えが返ってきた。

「夫婦の愛は永遠、すべてをわかり合える関係」という彼女の主張は、実際の体験や客観的な観察に基づくものではなくて、あくまで幻想や空想の中にだけあるものなのだろう。ときには自分の経験はそれとはまったく違っているにもかかわらず、「私の両親は夫婦仲が悪かったけれど、でもほかの人たちの結婚は完全に幸福」「私は夫婦関係に幻滅した男性と婚外恋愛をしているけれど、そのほかの夫婦の関係は盤石」と思い込むことさえあるのだ。

愛ではなく、一方的な依存

では、こういう人たちが恋人や配偶者を見つけた場合、関係はどうなのだろう。容易に予想されるが、その恋愛や結婚の相手は、自分の空想や幻想によって現実以上に理想的な至高な存在と見なされているわけだから、当然、相手に求めるものも現実離れしたものになり、関係もいびつなものになりがちだ。

それは、「何があっても全面的に自分を支えてもらいたい」という一方的な依存関係だ。「私をわかって」とは言うが、相手をわかろうとはしない。あるいは、わかっているつもりになっているだけ、ということもある。

あるいは、自分が抱える不全感や葛藤はそう簡単に解決はしないので、「どんなときもそばにいてほしい」「いつも私が望むときは抱きしめてほしい」と物理的な密着を願ってしまう。「今週は忙しいから会えない。デートは来週にしよう」といった先の約束を信用できず、「愛してるなら会ってくれてもいいじゃない」と要求してしまう。

際限のない要求を続け、恋人やパートナーから離れることができない人を「恋愛依存症」と呼ぶことがあるが、そのことを指摘した古典ともいえる、心理カウンセラー、ピア・メロディの『恋愛依存症の心理分析』（大和書房、２００１年）には、恋愛依存症者の三つの特徴があげられている。同書から引用しよう。

1. 過度な時間と関心および「自分自身の存在よりも優先されるべき価値」を依存の対象である人にそそぎ、その傾向はしばしば強迫的ですらある
2. 相手に対して、つねに「無条件で確実な愛情」という非現実的な期待を持つ
3. 関係を持っているあいだ自己管理がおろそかにある

そして、恋愛依存症者は「見捨てられることへの不安」を常に持っているので、出会った異性などに対してこう思うようになるのだ。

「他人と関係を持ち、相手に帰属したい、空虚感を満たし、自信のなさを払拭してくれる（と思っている）相手と絆を持って安心したいと望んでいます」

子どもは誰でも親に「見捨てられてしまうのでは」という不安を多かれ少なかれ、抱

いているといわれる。だからこそ、おとなたちが子どもをからかうために口にする「おまえは本当はウチの子じゃなくて、遠い国の森から連れてきたんだよ」などといった話を真に受けてしまい、「そうなんだ。じゃあいつかはその森に返されるんだ」などと悩んだりするのだ。

その「見捨てられることへの不安」をおとなになってからももち続けている人は、目の前の恋人にそれを埋めてもらいたいと願う。そのため、「本当に自分を捨てないか」を試すために、「いますぐ会える？」「毎日20回連絡して」といった無理難題を突きつけてしまうのだ。そして、いまの時代は先の『恋愛依存症の心理分析』が日本に紹介された頃よりもはるかにメールやSNSが普及しているため、いっそうその無理難題を言いやすくなっている。かつてなら「本当はいますぐ来て、と言いたいけど、職場には電話できないしそれを伝える手段がない」とがまんできた人も、いまはLINEなどですぐにメッセージを送れる。

そういう意味では、いまは昔以上に恋愛依存症が生じやすくなっているともいえる。

以前、外来で担当していたある女性は、「ひとりでいるととにかく寂しい」と言って、性格や行動にやや問題がある恋人と、周囲の反対にもかかわらず別れられずに悩んでいた。資格を生かした仕事もしている女性だったので、もう少し仕事の腕を上げるとか、友だちとたまには外出するとか、彼と過ごさない時間のほうにも目を向けてみたら、というありきたりのアドバイスをすると、彼女は苦笑しながら答えた。

「ひとりでいると、寂しくてどうしていいかわからない。友だちといても、なんだか落ち着かない。恋人がいて、やっとゼロに戻る感じなんです」

ところが、彼といてもそれまで心にあいていた大きな穴がなんとか埋まって「フラットに戻る」だけで、それ以上の充実や喜びまではないのだという。「だから、〝ラブラブ〟とかそういうのとは、かなり違うんですよね。もっと愛の喜びを感じたい……」。

彼女の要求には際限がなく、相手がどういう気持ちなのかはもはや眼中にないようであった。

純愛幻想を煽る復縁ビジネス

また、そういう依存関係を続けるうちに、相手が「自分の望んだ通りにこたえてくれない」と行き詰まりを感じ、また相手も「これ以上は無理」と音《ね》をあげ、結局は関係を解消するカップルもいる。しかし、そこで一度は離れてもまた元に戻ろうとして、関係を復活させようとしたり、実際に復活させたりする人も少なくない。いわゆる復縁だ。

まわりにもこの復縁を応援したり賞賛したりする人がいる。中には、いわゆる〝元の鞘〟におさまったふたりに対し、「やっぱりあなたたちは、強い運命で結ばれているんだね。別れようとしても別れられるはずはないと思ってたよ」と幻想をかき立てるような賞賛の言葉をかける人さえいる。

別れても別れても、相手がどんなにダメな人間であっても、結局また「元の鞘」に戻る。これぞ運命の愛、純愛である。こういう価値観が世間でも根強いせいか、女性週刊誌の広告欄には、「復縁の願いをかなえます」とうたった占い師が多数、並んでいる。この「復縁占い」とは、相手との相性や復縁に適した時期を占ったり、いわゆる「霊感」を使って相手も復縁に傾くようなおまじないや呪文を教えてくれたりする、というパターンのようだ。

中には、「復縁占い」を専門的に行う占い師の人材バンクのようなところもあり、世の中に「別れた人ともう一度つき合いたい」「昔の彼氏と結ばれたい」と切望する人がこれほど多いのか、と驚かされる。そういった占いは復縁を願う人が増えれば増えるほど〝繁盛〟するわけだから当然かもしれないが、サイトには「復縁したい」という気持ちを肯定、奨励するような言葉が並ぶ。そこにはだいたいこんなことが書かれている。

「復縁を願うのは、いけないことなのではないか、と後ろめたさを感じている人もいるようです。でも、その必要はありません。一度、距離を置いてから再確認できる愛情こそ、本物である可能性も高いのです。

占いをすればわかることですが、別れてしまってもなお復縁したいと思うのは、その相手との関係が前世から続いているような深い縁であることがほとんどです」

復縁は共依存になりやすい

また、こういったメッセージにそそのかされるのはカップルのどちらか一方だけではない。復縁が実際に実現する場合、相手も「君しかいない」「私にはやっぱりあなただけ」と相手から離れるのをあきらめ、また「もっとわかってほしい」という依存関係に戻っていくケースもある。

これは精神医学的にはかなり病的な状態で、「共依存」と呼ばれるものに近い。相手に依存されていたときには、悩んだり困ったりしながらも、「私がいなきゃダメなんだ」と自分の存在意義や存在価値だけは強く実感することができた。その記憶は人をとりこにし、「また相手に尽くしたい。どんなにひどい目にあってもいいから、あのときの気持ちに戻りたい」と何度でも思わせてしまうものなのだ。

そう思っている人たちの中には、「ひどい目にあわされる」という状態に妙な居心地のよさを感じてしまう人もいる。

実は、私自身にもそういう要素がないわけではない。それを「SMのM」とか「自虐的」と言ってしまえばそれまでだが、私が精神科医を続けていられる本当の理由はそのあたりにあるのではないか、と思っている。よく「精神科医をやっているといろいろストレスがあるでしょう」と言われるが、たしかに世間の基準でいえば「ひどい目」にあわせられる機会は少なくない。たとえばある種のパーソナリティ障害の人たちは、主治医である私がどれだけ自分を見捨てずにいてくれるかを試すために、週末や休日などに限って大量服薬などをして救急車を呼んだりすることがある。以前、救急外来がある病院に勤めていたときは、よく映画館やコンサート会場で携帯電話の着信に気づいた。留守電にこんなメッセージが入っている。

「先生の外来に通っている○○さんが、リストカットをして搬送されました。外科的な処置は行いましたが、精神的にかなり不安定なようです。この留守電を聞いたら、できるだけ早く病院に来てください」

医者だから急患に対応するのはあたりまえなのだが、楽しみにしていたコンサートを聴けずに会場から病院に向かう電車の中などで、「こんなときに限って……」と恨めしく思ったことも一度や二度ではない。

しかし、不思議なことにそんな〝困らせ屋〟の患者さんがたまたま受け持ちの中にひとりもいないときは、それはそれで逆になんとも落ち着かない気持ちになるのだ。休日にも病院から呼び出しがない、教えざるをえなくなったメールアドレスに一日、何十回もメールが来て、すぐに返信しないと「私を見捨てたんだ！」と荒れ狂って薬のまとめ飲みをされることもない。そんな〝穏やかな日々〟は、自分にとってふさわしくない、とまで思ってしまう。おそらく私はどこか自分に自信がないので、「患者さんに振り回されて、好きなコンサートにもディナーにも行けなくて当然の人間だ」と思っているのだろう。だから、実際にそういう場面になると、わずらわしさを感じながらも「これでいいのだ」と妙に納得してしまうわけだ。

実は、「私はひどい目にあって当然の人間」という感覚は、人間にとって本質的なものだという説もある。この考え方でいちばん有名なのは、言うまでもなく「人間は誰もが罪深い存在である」というキリスト教の教義だ。キリスト教では、イエス・キリストは私たち人間の罪を償うために十字架にかけられた、ということになっている。キリスト教では、「あ、私は何も悪いことはしていませんから」とその罪を逃れられる人は誰もいない、と主張する。誰もが背負っているその罪は、「原罪」と言われる。そう考えれば、ダメな男や振り回す患者さんに困らせられながら、心のどこかで「これは当然の報いだ」と思って尽くしてしまい、気づかないうちに共依存状態になるのは、この「原罪」とどこかで関係しているのかもしれない。

罪悪感を埋め合わせたいだけ

また、精神分析学者の中でも、人間が元から抱く罪悪感について考えた人がいる。

その人は、イギリスの女性精神分析家であるメラニー・クラインだ。彼女は主に乳幼児を観察して、その精神を分析する試みを行った。そして、生後0カ月から4カ月くらいまでの発達早期の乳児の深層心理を「妄想 - 分裂ポジション」と、生後4カ月から1歳頃までを「抑うつポジション」と名づけた。

あどけない赤ちゃんの深層心理の本質が「妄想」とか「抑うつ」だと言われると驚くかもしれないが、クラインの説明は次の通りだ。

生後4カ月までの乳児の「妄想 - 分裂ポジション」というのは、赤ちゃんがとらわれている「不安」を特徴とする。赤ちゃんは自分が攻撃されるのではないか、と「不安」を抱き、同時に「羨望」「嫉妬」とマイナスの感情の芽生えも感じるのだという。そういった感情に基づき、乳児はいちばん「よいもの」であるはずの母親の乳房を独占し、そこから乳を吸い尽くそうとする。

しかし、その後、乳児には「反省」の時期が訪れる、とクラインは考えた。自分が「不安」や「嫉妬」といった感情の芽生えから、独占し消耗し尽くそうとした母親の乳房は、実は自分にとってもっとも大切な「よいもの」であったのだ。もちろん、乳児には言葉でそれを考えたり表現したりはできないが、「私はたいへんなことをしてしまった」と気づき、激しい罪悪感に支配されるようになる、とクラインは考えた。それが、クラインの言う「抑うつポジション」だ。

クラインによれば、生後半年以降の赤ちゃんにとって、この抑うつ感情は激しいもので、「私はお母さんの乳房をメチャメチャにしてしまったのではないか」「取り返しがつかないことをしてしまった」と直感的に感じ取り、この時期に深い罪悪感、抑うつ感、自己嫌悪、自己否定感といったマイナス感情の原型を経験するのだという。そして、これらの感情は、その後、人生のあちこちで何度も頭をもたげ、繰り返しその人を苦しめ続けることになる。

このクラインの説が正しいものだとするならば、次のように考えることはできないだろうか。患者さんに困らせられながらも「これでいいのだ、私はこんな目にあって当然だ」と思う私自身も、自己犠牲的に障がい者のためのボランティア活動に心血を注ぐ人たちも、自分をひどい目にあわせて去っていった元の恋人との復縁のためにお金やエネルギーを使い続ける人たちも、実はこの乳児時代に身についた罪の意識を償うためにそうしているのだ、と。

つまり、私は患者さんを、ボランティア活動の人たちは障がいを抱えた人を、また恋人は元の恋人を、本当の意味で愛しているわけではない。自分を犠牲にしても尽くしたい、と思っているわけでもない。そうではなくて、強いていえば、人間がもともと心の中に抱いている罪の意識のようなものを薄めたいがために、目の前にいる誰かを「こんなに愛しているし、尽くしたいと思っている」と思い込んでいるだけではないか。つまり、ちょっと極端なことを言うなら、これらはすべて「愛という名の錯覚」ということだ。

もちろん、相手を愛する気持ちのすべてが錯覚と言いたいわけではない。私が患者さんのために何かしたいという気持ち、ボランティアが障がい者のために尽くしたいという思い、そして恋愛で恋人や元の恋人のためになんでもしてあげたいという気持ちが、すべて「自分の罪の償いのためにしていること」とは言わない。しかし、一方で、「100％の愛に基づく行為」とも言い切れない。とくに恋愛において、すでに終わった関係に執着し、「やっぱりあの人は運命の相手だった」「別れてはじめて私はあの人がいないと生きていけないと気づいた」などと思い込み、考えられないほどの努力をして復縁を試みることが、そうだとはとても思えない。

共依存はエスカレートする

では、もし本人が「そうか、これはあの人が100％好きなのではなくて、自分の罪の償いのためにこの恋愛が必要なんだ」と自覚してもなお、その関係を持続したいと思ったとしたら、それはそれでよいのだろうか。

それを止める権利は私にはないが、ただ「罪の償い」には際限はないので、そういった共依存関係はエスカレートする一方であることも知っておいたほうがよい。知らないあいだに相手は「さあ、これでもおまえは耐えられるか？　これに耐えられなければ、おまえの罪は許されない」というデーモンのような役割を、自分は「やらせてください！　罪を軽くするためにはどんな試練にも立ち向かいます」と炎の中に飛び込む修行者のような役割を担い、相手の出す課題はどんどんレベルが高くなる。

テレビドラマか何かだったらなかなか見ごたえがある物語だが、日常の中でこんなドラマを演じるのはあまりお勧めできない。結局、相手も自分もボロボロになり、「……やっぱりやめようか」と続かなくなる場合がほとんどだからだ。あるいはどちらかが病気になったり仕事が続かなくなったり、ときには「金を持ってこい」といった課題にこたえるために犯罪に手を染めて逮捕されたりして関係が終わる、ということもある。

「愛のために人生を棒に振った」というのは一見、ドラマティックな悲劇のようだが、そこにあるのが純愛ではなくてただの共依存関係だった、というのは、あまり美しい話ではない。

恋愛であるからには、うまくいかなくなり、「やっぱり違ったかな」とお互いになんとなく思い、「やめようか」と別れることもあるだろう。そのときは悲しく、傷つくかもしれないが、別れを決意したり受け入れたりしたからには、必ず心の奥の無意識も「そのほうがいいよ」と思っているのである。それなのにその後、「やっぱりあの人しかいない！　なんとしても復縁したい！」などと思ってしまうのは、これはただの追憶、記憶の美化、あるいは「私のことを全面的にわかってほしい、受け入れてほしい」という幻想の欲求に基づく衝動なのではないか。

「すべてをわかってくれている」「生まれ変わっても私たちはいっしょ」という恋愛や結婚ほど危険なものはない、と私は思っている。

私は、２０１２年に『共喰い』で芥川賞を受賞した作家の田中慎弥氏の独特の小説が好きなのだが、それ以上にインパクトが強いのが本人のエッセイだ。たとえば『孤独論　逃げよ、生きよ』（徳間書店、２０１７年）では、「孤独の大切さ」が何度も強調されている。前書きからしてこんな箇所がある。

「あまり孤独になりすぎるのもよくはないけど、人には独りになって息をつく時間だって必要なはずです。集団のなかにいないとそれほど不安なのか。常にインターネットでつながっているなんて息苦しいのではないか。現代で普通に生きていると、孤独になる時間すら持てないのか。どうにもおかしな話です」

そう言う田中氏は１９７２年生まれでまだ40代であるにもかかわらず、「誰ともつながらないアナログ生活」を送っているようだ。同書にはこうもある。

「書斎にはさしずめ鉛筆と原稿用紙、ファックスつき固定電話、あとは辞書があれば充分。もちろんパソコンはありません。パソコンにとどまらず、デジタル端末のたぐいもない。携帯電話やスマートフォンも持っていないし、電子メールなどあつかったこともない。年に一度か二度、おそるおそるインターネットに触れてみることはありますが、もちろんだれかに教わりながらですが」

田中氏は恋愛について語っているわけではないが、いつも自分を全面的に受け入れ、どんな要求にもこたえてくれる恋人やパートナーがいないと耐えられない、もしその人と別れたらなんとしても復縁しなければ生きていけない、と思っている人たちは、田中氏のこの言葉や生活から学ぶべきこともあるのではないだろうか。

第5章

わかってもらいたい願望の落とし穴

正しく理解されても満足できない

ここまで、「わかってくれない」ということについて話してきた。

では、「わかってもらう」とはなんなのか。

あるいは、どうなれば「わかってもらえた」という気になるのか。

実は、この「わかってもらう」ということと、「わかってもらえた」ということのあいだにはかなりのギャップがあると思う。

私自身の若い頃の体験を書いてみたい。若い頃、ある大きな精神科単科病院に勤務していたとき、「長期入院の患者さんにもっと退院への意欲をもってもらいたい」と思った私は、その病院で演劇サークルや音楽サークルを立ち上げた。そこで何かに参加する喜びに目覚めたら、次第に社会にも目が向くのでは、といった短絡的な発想だった。

私は、外来診療や病棟回診の合間を見てはサークルを開催し、各病棟から有志の患者さんに集まってもらって、院内での上演を目標にコーラスや短い演劇の練習にいそしんだのだ。患者さんたちはそれなりに楽しんでくれているように見えた。

ところがしばらくやっているうち、仲の良かった看護師がこう教えてくれた。

「先生、いつまでこのサークルをやるの？　病棟の看護師たち、困ってるよ」

私は驚いた。患者さんたちはあんなに楽しそうで、だんだん顔の表情もよくなってきている。それなのに「看護師が困る」とはいったいどういうことだろう。「どうして？」と尋ねるとこんな答えが返ってきた。

「だって先生は、〝今日、時間できたから〟って突然、サークルの呼び出しをかけるでしょう。すると、開放病棟はまだいいけど、閉鎖病棟の場合、看護師が付き添って練習室まで希望の患者さんを連れて行かなければならないじゃない。で、そのときによって練習は30分だったり1時間だったりするから、そのあいだ、そこで待ってなければならないでしょう。病棟でもいろいろ業務があるのに、その看護師は抜けなければならなくなるから」

それを聞いて、若かった私は、頭の中が真っ白になる思いを味わった。患者さんの活性化のためにサークル活動を始めたのに、看護師さんたちはそれを迷惑だと思っていただなんて。患者さんの回復より自分たちの業務を優先するなんて、間違っているのではないか。それとも、私のほうがズレているのだろうか。

それから病院の院長に相談すると、院長も「先生のやる気は認めますが、病棟の業務に支障がないようにお願いします」という意見だった。私はかなりがっかりして、当時、交際していた男性にもその話をした。その人は医療関係の仕事ではなかったので、長期入院の患者さんに意欲をもってもらうのがいかにむずかしいか、といった話もした。すると、その人はこう言ったのだ。

「僕も組織で働いているから、もしいきなり社長に〝いますぐ別の仕事して〟と頼まれたら困るだろうな。やっぱり少なくとも1週間前には言ってほしいよね」

院長から「業務に支障がないように」と言われたときは落ち込んだだけだったが、交際相手からその言葉を聞いたときは、怒りが爆発した。

「あなたはふつうの会社だから、病院に長い年月、入院している患者さんを活性化するのはどんなにたいへんか、わかるわけないよね！　こっちは自分の仕事をやりくりして、ボランティアでサークル活動を始めて、なんとかしてその人たちの人生を有意義なものにしようと思ってるのに！　その人たちが一生、病院に入院しっぱなしでもいいと思うわけ⁉　そうか、あなたは看護師さんたちの味方をしたいんだね！」

あまりの勢いで私が怒るので、その人は困った表情になって「そりゃ僕は入院患者さんの問題や看護師さんの仕事のことなんか正しくはわからないよ。でも、そんなこと、君だってよく知ってるだろう？　患者さんの問題や対策を話し合いたいなら、僕じゃなくて、医者仲間に話したほうがいいんじゃないの？」

「そうか」と自分の気持ちに気づいたのは、それから何年もたったあとだった。

私は、医療の問題については何もわからないその人に、病院の状況を正確に知ってもらいたい、その上で私を支持してもらいたい、と思っていたわけではなかったのだ。いや、むしろ何も医療のことなど知らないまま、「なんにせよ、君が一生懸命やっていることに水を差すなんてひどいね。僕は君ががんばっていること、よくわかってるよ。本当にたいへんだね」とやさしく言ってもらいたかっただけなのだ。

いま思うと、とんでもなくワガママだが、「わかってもらいたい」という思いには、常にこのワガママがつきものなのではないだろうか。

無条件に支えてほしいというワガママ

この例でわかるように、「わかってもらいたい」というのは、何も「正確に理解してもらいたい」「ちゃんと評価してもらいたい」ということを意味しているのではない。それどころかその逆で、「何もわからないけど、とにかく君は間違っていない」「君がやっていることならなんでも応援する」と言ってもらいたい、ということなのかもしれない。「〝無条件に支える〟という条件」が必要なのだ。

これらからもわかるように、「理解される」と「わかってもらう」はまったく違う。

しかも、「わかってもらう」というのは、「部分的に支援する」ではない。「なんでも」「まるごと」「とにかく」「すべて」というのがこの場合、重要だ。

そして、最後に「あなたがやっていることなら」という限定が決め手となる。同じことをやったとしても、別の女性なら「あんなこと、おかしいよね」というような場合も、自分の場合となれば「君がやったのだから絶対にいいことに決まってる」と言ってほしい。

つまり、「わかってもらいたい」という要求には、さまざまな矛盾や理不尽さが伴っているのだ。

たとえば、フリーライターとして目覚しい活躍を続ける女性の知人が、私にこう話してくれたことがあった。

「もう生きているのがつらくなっちゃって。こんなの、本当の私じゃない。すごく生きづらい。私なんか消えてなくなってしまえばいいと思うくらい」

私は突然の告白に、「えっ、そんなこと思ってたの」と驚きながら、ぼんやりと考える。「この人は、『患者さん』じゃなくて、私の知り合いのはずだよなぁ。仕事のペースとか得ている収入、友だちの多さを見ても、むしろふつうより成功してる人、と言ってもいいかもしれない。でも、抱えている悩みは、診察室の『患者さん』と同じくらいかそれ以上の深刻さだ。そう考えると、この人は診察室で会ってもおかしくない『患者さん』なんだろうか。そうだとしたら『診断』はどうなるんだろうか。それとも……。

いや、人生における苦しみは病的なものとは限らないのであって、『患者さん』なのか、『診断』は何か、などと考えてもまったく意味はないのではないか。この人は誰かに自分の苦しさを〝わかってもらいたい〟だけなのだ」

それどころか、医学的な診断がついている「患者さん」からも診察室でこう言われることがある。

「先生に〝うつ病〟と言われてお薬を飲んで、夜はだいぶ寝られるようになったし仕事にも復帰できたのですが……。なんか、生きづらいんですよ。自分が本当の自分じゃないような気がします」

すると、ここでも私は思う。

「〝うつ病〟の症状はたしかにあったけれど、この人にとってより本質的な問題は、どこか別にあるのではないか。そしてそっちは、これまでの診断基準では『診断』できないもの、〝わかってもらいたい〟という欲求なのだろう」

しかし、もしこれらが若かったときの私と同じ、「わかってもらいたい症候群（あえてそういう名前で呼ぶことにする）」だとしたら、それにこたえるのはむずかしい。そこには理不尽さ、矛盾、無条件の支持、といったさまざまなワガママへの対応が必要になるからだ。

そして、「わかってもらいたい症候群」は、医学的な病名がついている人や「異常」を抱える人にも、「健康」な人にも「正常」な状態の人にも、等しく起きる。それが解決しない限り、いくらうつ病が治っても、その人たちは幸せになれない。「誰にもわかってもらえない」という不満は、すぐに「生きづらい」「苦しい」という別の訴えになる。

精神医学の側がなかなか従来の見取り図を捨て切れずにいるあいだ、若い人たちやジャーナリズムはこの「わかってもらいたい症候群」を説明するために、いろいろな用語を作り出してきた。プチうつ。アダルトチルドレン。だめんず。自己チュー。ひきこもり。片づけられない女。恋愛依存。ネット中毒。メンタル系。メンヘラー。ほかにもたくさんあるだろう。

太宰治も「わかってもらいたい症候群」だった

では、この「わかってもらいたい。しかも無条件に、全面的に」と果てなき欲求を抱く「わかってもらいたい症候群」は、近年、目立つようになった現象なのだろうか。

一般の人にここまで広まったという意味ではそうだといえるが、実は100年前からそういう思いを抱いていた先駆者のような人がいる。それが、作家の太宰治である。

精神科医としての仕事のほかに大学の教員という仕事ももっている私は、毎年、大学の授業で「太宰治」を取り上げることにしている。

日本文学の研究者でもないのに、なぜ太宰を、と思う人もいるかもしれない。

実は太宰治は、精神医学の世界でしばしば取り上げられることのある〝症例〟なのだ。彼が、睡眠薬の一種（現在は処方していない）バビナール依存症であったことはよく知られているが、彼が世を去ってからの精神医学的研究では、「精神分裂病質（現在の診断名では、シゾイドパーソナリティ障害）」「神経症」などいくつかの可能性が指摘され、その後、「境界性パーソナリティ障害」あるいは「自己愛性パーソナリティ障害」という説が有力となっている。

明らかな精神疾患ではなく、もともとのパーソナリティ、つまり人格の偏りが問題ということだ。

太宰治を「境界性パーソナリティ障害」と診断する論文を書いた精神科医・米倉育男は、彼の「道化」と呼ばれるはしゃぎっぷりや悪ふざけは、「淋しさ、頼りなさ、空虚感などが入りまじった抑うつ的な感情を防衛するもの」だとしている。

太宰は津軽の富裕な家の出身で、東京帝大に入るほどの秀才だ。それなのに、なぜ太宰は、そんなことをしなければならないほど寂しかったのだろう。

ちなみに、米倉が指摘する太宰にも見られる境界性パーソナリティ障害の特徴は、「(万能感と自己嫌悪の)両価性、貪欲な性格、過敏性、幻想、遺棄の不安に結びついた失敗、孤独、空虚の感情、敵対反応、自罰行為、不安と抑うつの感情」などである。

「自分は特別にすぐれた人間」と万能感をもったかと思うと、次の瞬間には「自分は最悪の人間」と落ち込み、安定したペースで仕事をし続ける友人などに嫉妬の感情を覚える。自嘲的に見せつつ、太宰が実は芥川賞などの社会的な評価に固執し、師であり芥川賞の選考委員であった佐藤春夫に授賞を請う手紙まで出していたことも知られている。

こういった話をすると、とくに就職活動にいそしんでいる学年の男子学生たちは、大きくうなずく。彼らもまた、自信喪失や自己卑下と優越感や自負心とのはざまを揺れながら、悩んでいるのだろう。

境界性パーソナリティ障害の男性にハマる危険性

また太宰治は、「わかってもらいたい症候群」にかかっていた女性たちに、「この人だけが私のことをわかってくれている」という錯覚を抱かせるのが得意な人でもあったようだ。

パーソナリティ障害に詳しい心理学者の田中誉樹は、太宰治を「境界性パーソナリティ障害（不安定さや極端さ、衝動性を特徴とするパーソナリティの障害）」と考えながら、「太宰がこの病を生きる固有の様態の特徴として、女性との関係、特に母性的役割を担った女性との関係が、彼の生の中で重要な意味を持っていることがわかってきた」として分析する（「境界性人格障害についての実存的精神分析――太宰治を事例として――」『言語文化研究』2014年）。

そして、太宰治が「大家族の六男に生まれ、『オズカス＝余計者』という立場に、生まれながらに置かれた」ことから、彼には安定した母性体験が欠如していたことを生活史から明らかにして、次のように言うのだ。

「母性体験における存在欠如と存在欲求は、その後の太宰の女性との関係（恋愛、結婚生活など）に大きな影響を与えた。上述の生活史から、太宰と出会い、関係を持った女性たちは、いずれも、太宰の生の二つの側面、すなわち女性を愛し、依存する『見捨てられた子ども』という側面と、同時に『オズカス』として余計者扱いされ、複数の『母』から見捨てられてきた『冷酷な怒れる子ども』としての側面の間で翻弄されていることがわかる。

（中略）

恋愛や夫婦の愛情は、それが男女相互の努力によって育まれ、深められる場合には、両者の生を豊かに、創造的にするものであるが、太宰の場合は、母性的愛情経験が生の根本的な次元で欠如しているが故に、女性との関係は、生の無意味感、空虚感によって気分づけられ、その行き着く先は、関係の破綻か、死という形での破滅へと向かっている」（前掲論文より）

たしかにそうかもしれない。しかし、それだけで女性たちがつぎつぎに太宰と親しい関係となり、彼が持ちかける「心中しよう」という話に応じるだろうか。

授業ではこうした説明の後、1995年に制作された『名作ってこんなに面白い・第8巻　人間失格（太宰治）』（ゆまに書房）という教材ビデオを見せることにしている。これはもともと中学か高校の国語教育用に作られたものなのだが、ドキュメンタリー風にまとめられた作者の紹介とドラマ仕立てで紹介される名作とがうまく絡み合って、大学生にとっても十分、見ごたえのあるビデオなのだ。

そこで学生たちが強い関心を抱くのは、「太宰治がなぜ女性たちをひきつけたのか」ということだ。しかも、単純に〝モテた〟というレベルではなく、自分の人生を太宰に捧げ、ともに命を絶とうというほど思い入れる女性が相次いだ。

『人間失格』には、太宰が21歳のとき、当時19歳であった銀座のカフエの女給（今でいうホステス）・田部あつみと神奈川県小動崎の畳岩の上でカルモチンという睡眠薬を使って心中を図り、自分だけ生き残ったときのことをモチーフにしたと思われているエピソードがある。

カフエの女給ツネ子と鎌倉の海に飛び込み、自分ひとりが助かって取り調べを受ける主人公は、「喉から出た血ではなく」て「耳の下に出来た小さいおでき」から出た「ハンケチに赤い霰《あられ》が降ったみたい」な血を見て、「自分は、それを言い明さないほうが、便宜な事もあるような気がふっとした」。そして、実際の取り調べのときに、咳が出るとそのハンカチで口を覆って、血痰かのように見せたりするのだ。

つい前日、自分とともに海に飛び込んだ、ひとりの女性が命を落としたというのに、動揺することも同情することもなく、自己演出にいそしんでしまう。しかし、主人公は根っからの悪党というわけでもないので、そんな自分に対して嫌悪感を抱いたりもするのだ。

間もなくそんな主人公の前に、また次の女性が現れる。女性記者のシヅ子である。夫と死別して娘とふたり暮らしをするシヅ子のところに転がり込んだ主人公は、生活の面倒も仕事の便宜もシヅ子に頼りながら、酒びたりの毎日を送る。そんな身勝手な主人公に対して、シヅ子はこう言うのだ。

「……あなたを見ると、たいていの女のひとは、何かしてあげたくて、たまらなくなる。

……いつも、おどおどしていて、それでいて、滑稽家なんだもの。……時たま、ひとりで、ひどく沈んでいるけれども、そのさまが、いっそう女のひとの心を、かゆがらせる」

シヅ子がここまで思って尽くしてくれているにもかかわらず、主人公はある日、母娘を裏切り、家を出てしまう。「幸福なんだ、この人たちは。自分という馬鹿者が、この二人のあいだにはいって、いまに二人を滅茶苦茶にするのだ」と一見、相手を思いやって身を引くように見えるが、もちろん相手の意思は確認していない。これまたすべてが自己演出による〝ひとり芝居〟なのである。

わかってくれる人となら、心中も怖くない

この時点で、女子学生たちに再度、「『人間失格』の主人公、あるいは太宰自身がなぜ女性をひきつけたか」と質問してみる。すると、いろいろな答えが返ってくる。

多様な意見があるが、共通しているのは「冷たい人、決して幸せになれない人だとわかっていても、こういう男性を好きになってしまう女性の気持ちはよくわかる」という点だ。さらに興味深いのは、時代を経たいまになっても、しかも彼女たちは大きな可能

性や高い能力をもっている大学生であるにもかかわらず、太宰に同情して自殺を遂げた薄幸の女給の気持ちが「よくわかる」と言ってしまう点である。

21世紀のいまも、学力が高いから、よい会社に就職できたから、というだけでは、女性は相変わらず高い評価を得ることができない。いや、晩婚化や少子化が問題視される昨今のほうが、社会的能力の高い女性たちはどこかで〝引け目〟を感じながら生きていかなければならないのかもしれない。そして、どこかで「誰も私のことをわかってくれない」というむなしさを感じ、「私のことを無条件にわかってくれる人がどこかにいるはず」という欲求を抱いて生きている。そういう女性にとって、太宰治のような男性は、「この人は私と同じ孤独や生きづらさをかかえている。だからわかってくれるはず」という存在に見えてしまうのだろう。あるいは太宰のように世間的には理解しづらい男性を受けとめることによって、第4章で述べたクラインの「罪の償い」をしようとしてしまうのかもしれない。

ただ、もちろん、太宰との心中を選んだ女性たちが、太宰治のことを本当の意味で「わかっていた」とは思えないし、女性たちが「この人ならわかってくれる」と感じたのも一種の錯覚だったはずだ。たとえ一瞬の幻想であったとしても、人は「この人にはわかってもらえた」という実感を求めてしまい、それが得られたと思ったら、その相手と心中することさえ恐れなくなるのだろうか。そう考えると、この「わかってもらいたい」というある種の〝病〟はとても根が深い、ということになる。

わかってもらいたい願望につけこんだ白石容疑者

さらに最近、「わかってもらいたい」という願望につけこんだ恐ろしい事件が起きた。

２０１７年10月31日、神奈川県座間市のアパートから男女９人の遺体が見つかるという事件が発覚し、その部屋に住む27歳の白石隆浩容疑者が死体遺棄容疑などで逮捕された。被害者は15歳から26歳までの女性８人、男性１人で、女性たちはツイッターなどのＳＮＳで「自殺」といったキーワードを通じて白石容疑者と知り合い、やり取りを重ねて実際に会ってその部屋を訪れ、殺害されたことが捜査でわかっている。

ＳＮＳには「死にたい」などと自殺願望を思わせるつぶやきがあふれているが、その人たちは実際に死を望む気持ちとともに、「どこかに私のこの苦しさをわかってくれる人がいるのではないか」という気持ちももっている。「死にたいのに理解されたい、と希望をもつのはおかしい」という声もあるが、これは矛盾しない。その人たちの「生きていたくない。消えたい。死にたい」という思いも真実であり、同時に「でもそんなにつらいというういまの状態を知ってほしい」という思いも真実なのだ。

もちろん、そこにはグラデーションがあり、「わかってほしいけど、その後に必ず死にたい」と決意を固めている人もいれば、「本当にわかってくれる人がいれば、そこからまた生きていくかもしれない」と生きるほうに淡い期待をもっている人もいる。ただいずれにしても、自分でも本当に自分はどうしたいのかが決まっておらず、「もうどちらでもかまわない」と思っている人が多いと考えられる。「生き続ける」と「命を絶つ」は決定的に違うことなのだが、その人たちにとっては「どちらでもいい」とその境があまりはっきりしていないのだ。

ただ、「生きても死んでもいい」とその点についてはあいまいな気持ちであるにもかかわらず、「誰かに知ってもらいたい。わかってもらいたい」という願望ははっきりしているので、彼女たちはＳＮＳにその思いを書き込み、そして、それに目をつけた今回の加害者におびき寄せられてしまったわけだ。

警察庁の統計によると毎年、全国で8万人を超える行方不明者がおり、そのうちの4割を20代までの若年層が占めるのだそうだ。おそらくその中には、お金の問題やいわゆる駆け落ちなどではなく、「生きるのがしんどい」「居場所がない」と感じて姿を消した人もいるはずだ。そういう「生きづらい若者」は、予備軍まで含めると、何十万、何百万人に達する可能性がある。

その人たちも、心のどこかでは「でも、誰かにつらさをわかってもらいたい」と願っているのだろう。そして、それをSNSに書き込み、誰かが「わかります。私も同じ気持ちだから」などと言われると、相手の素性も本名も知らないのに、暗い道でポツンと灯る民家の明かりを見つけたような気持ちになり、無条件に信用してしまうのだ。

これはまさに、太宰に「死のうか」とささやかれ、思わずうなずいてしまった女性たちと同じではないだろうか。

「死にたい。でもわかってほしい」という若者は、100年前にもいたし、いまもいる。そして、その気持ちを太宰のように無意識に、今回の事件の容疑者のように悪意をもってキャッチし、死に誘う人もいる。そのことは忘れないでおきたい。「わかってもらいたい」と思う気持ちは、こじらせることによってその人の命にもかかわる問題にまでなる危険性をはらんでいるのだ。

自己啓発セミナーに洗脳されたToshI

ただ、「わかってほしいのに、誰もわかってくれる人はいない」と絶望しながら、「どこかにわかってくれる人がひとりくらいいるのではないか」と思い、探し求めている現代の多くの若者たちは、「死にたいということの気持ち」への理解を求めているわけではないだろう。彼らは何かもっと別のことを「わかってほしい」と思っているのだ。それは、孤独や不安や傷つきのようなネガティブなものであることもあれば、夢や希望、やり遂げたい仕事や目標といったポジティブなものであることもあるだろう。

たとえば、芸能界ではときどき〝洗脳騒動〟が起きる。活躍していた芸能人が、新興宗教に入信したり、自己啓発セミナーの講師や占い師に心酔したりして、それまで通りの活動をやめてしまう。彼らも、それぞれの立場で「わかってもらいたい。でもわかってもらえない」と思っていた人たちといえる。

世界的に活躍するロックバンド、X JAPANのオリジナルメンバーであるボーカルのＴｏｓｈＩは、自己啓発セミナーの主宰者に12年間にわたって支配され、15億円もの金銭をわたしてしまった。その経緯をＴｏｓｈＩは２０１４年に『洗脳 地獄の12年からの生還』（講談社）という本で詳しく語っている。

ＴｏｓｈＩは当時の妻の勧めでそのセミナーの主宰者に会うことになる。その少し前、ＴｏｓｈＩは家族や友人に裏切られ、バンド活動にも自信を失うという経験をしていたのだが、孤独や傷つきの中で出会ったのが妻となる女性だったのである。

では、その女性はどうやってＴｏｓｈＩの心をつかみ、全幅の信頼を得ることができたのか。『洗脳』の中で、ＴｏｓｈＩは彼女からかけられた言葉を紹介している。引用してみよう。

「いろいろ大変でしたね。がんばった体さんと心さんをぎゅっと抱きしめてあげてくださいね。よくがんばったねって」「死ぬときは　手と手をつなぎ　逝《い》きましょう」

これを見た人は「えっ」と驚くかもしれない。世界を飛び回り、数多くのファンに支持されていたX JAPANのボーカリストが、これほど単純なメルヘン調の言葉に魂を奪われた、と言うのである。逆に言えば、ToshIはそれほど追い詰められ、「誰にもわかってもらえない」と絶望していたのかもしれない。その限界的な心理状況だったからこそ、むずかしい言い回しや理性的な言葉より、幼稚園の先生が園児にかける「よしよし、大丈夫よ。先生は○○ちゃんを守ってあげるからね」というような言葉にToshIはすがってしまったと考えられる。

しかし、それはまさに地獄への第一歩だった。その女性の望み通り入籍し、誘われて出かけた屋久島でそのセミナーが経営する美術館が併設されたホテルに宿泊し、さりげなくその主宰者MASAYAのことも知らされた。そこでは「もうがんばらなくていいんですよ」と理解ある言葉が投げかけられ、妻はそれを聞いて激しく泣きじゃくり、ToshI本人もつられて涙を流した。

そして帰京後、また妻に誘われて主宰者のコンサートに出かけることになったToshIは、終演後、はじめてMASAYAと対面した。その夜、ToshIと妻は、MASAYAとの出会いのすばらしさを遅くまで語り合ったという。

そうやってどんどん「理解者は妻とＭＡＳＡＹＡしかいないのだ」という状況ができあがっていき、あとは「セミナーに行く」「家族や音楽仲間を信じるなと言われる」「仕事の予定よりもセミナーを優先するように説得される」と、社会的に孤立させられるお決まりのパターンを経て、ＴｏｓｈＩはどんどん洗脳されていく。そして気づいたときには、ＭＡＳＡＹＡの言うなりになって全財産をわたし、さらに全国をひとりで回りながらミニコンサートを開き、その売り上げもすべて送金するという生活が10年間も続くことになったのだ。

「信じられるのは自分と金だけ」が賢いのか

仕事が成功し、有名になればなるほど、「誰も信じられない」「誰にもわかってもらえない」という不信感、孤独が強まっていったＴｏｓｈＩ。そういう状況に追い込まれたとき、「信じられるのは自分と金だけ」などと割り切って、世間に背を向けて孤高の存在として生きていく人もいるだろう。

たとえば、アメリカ大統領のトランプ氏はどうなのだろう。彼は妻や子、さらには前妻の子どもたちや多くの孫など多くの家族に囲まれているが、彼は家族に「自分が本当に理解されている」と考えているのだろうか。

トランプ氏は自伝で、自分が育った家庭についてこう書いている。

「私は昔風の家庭で育った。父が一家の稼ぎ手として権力をもち、母は主婦に徹していた。（中略）私たちは大きな家に住んでいたが、自分たちを金持ちだと考えたことはない。みな一ドルの価値を、勤労の大切さを知るように育てられた。一家の結束は固く、今でも私の最も親しい友は家族である」（ドナルド・J・トランプ＆トニー・シュウォーツ／枝松真一訳『トランプ自伝』早川書房、１９８８年）

このように自分の実家を「理想の家族」として描き、「結束は固い」とも言っているのだが、具体的に心と心を通わせたというエピソードはほとんど書かれていない。それよりも経営者だった父親からどうやってお金の価値やビジネスのやり方を学んだか、といった話ばかりが語られる。また、自分が築いた家族についても「すばらしい」「理解しあっている」といった表面的な言葉ばかりが繰り返され、それ以上の深い話は出てこない。

もちろん、トランプ氏はビジネスの世界で大成功を収め、現在はアメリカ大統領にまでなった人物だから、それなりに考えていることはあるはずだし、2回の離婚と3回の結婚の中で、それなりにパートナーと衝突したりまたわかり合おうとしたりしたこともあるはずだ。しかし、トランプ氏はどうもそこにこだわっていないようなのである。あるいは、心の内面を外に対して明かすのはビジネスマンとして不利と考えて、全面的に隠しているのかもしれない。

現在の妻であるメラニア夫人との仲についてもマスコミはあれこれ詮索する。アメリカの夫婦がそうするように手をつないで歩くこともなければ、親密に話し込んでいる姿もほとんどカメラがとらえていない。メラニア夫人は多くの場合、サングラスをかけてその表情が外からはわからないようにしているか、いつも同じような笑顔で夫から少し離れた場所に立っているかである。いつもお互いの肩がふれ合うほどの近さで立ったり、あるときは真剣にあるときは楽しそうに話し込んだりしていたオバマ前大統領とミシェル夫人とはまったく違う。

メラニア夫人は、ユーゴスラヴィアの小さな町からモデルになるためにアメリカにやって来たことが知られており、いまだに英語があまり得意ではないというウワサもある。もしそうだとしたら、彼女は夫以上に心を通わせる人がいない人なのかもしれないが、少なくとも外から見る限り、それを憂いたり悩んだりしている様子はない。

もちろん、夫婦のことは本人どうしにしかわからず、トランプ夫妻もカメラがないところではお互いの胸のうちを隠さず話し合い、強くわかり合っているのかもしれない。しかし、カメラのあるところであそこまで一定の距離を保っているところを見ると、その可能性が高いとはとても言えない。むしろ、この夫妻は「誰も自分のことを理解してくれなくてもかまわない。それよりも自分にはあらゆる手段を使って手に入れたい成功という目標があるのだ」という点でまさに利害関係が一致したパートナー関係のように見える。そういう意味で、トランプ氏やメラニア夫人は「誰も私のことをわかってくれない」と落ち込んだり、誰かにすがろうとしてしまったりすることはなく、ここまで紹介してきた人たちのようにだまされたり失敗したりすることはないのかもしれない。

わかってもらいたい願望は捨てられない

では、トランプ夫妻が誰から見ても共感でき、理想にできる人たちかといえばそれも違うのではないか。

私たちの多くは、「自分のことを誰かにわかってもらいたい」「どこかにたったひとりでも私のことをわかってくれる人がいるのではないか」という考えをなかなか断ち切ることができず、信頼できそうな人を見つけるたびに、「この人かも」と賭けてみたくなるのである。

だからこそ、太宰治と心中を約束して自分だけ命を落としてしまった女性たち、「死にたいという君の気持ちは僕だけがわかる。ともに死のう」という座間市の青年のネットや電話の言葉にだまされて会う約束をして殺害された女性たち、あるいは成功を捨てたうえ多大な時間とお金までも奪われたＴｏｓｈＩなどのような深刻な被害にあうケースも出てくるとはしても。

「わかってもらいたい」という気持ちは捨てることもないし、「誰かにわかってもらいたい」と〝誰か〟を探し続けるのもよいだろう。とはいえ、そこで「誰でもいいから、わかってくれる人を早く見つけなければ」とあせったり、「なかなかわかってくれる人に出会えない私は不幸だ。ほかの人は出会えてるのに」と劣等感を抱いたり他人をうらやんだりするようになると、誰かにだまされたり命を落とすような出会いに結びついたりするおそれもある。

「ほどほどに願う」というのはむずかしいことだが、「わかってほしい」、でも「わかってもらえなくても、そのことじたいが不幸でも失敗でもない」と思いながら、あせらずに「どこかにわかってくれる人がいるかもしれない。いたらいいな」と願って求め続ける。これしかないのではないだろうか。

第6章

わかってもらえるとはどういうことか

精神科医はひたすら耳を傾けるだけ

ではここから、私は実際の診察を通して、どうやって相談に来る人たちのことを「わかる」のか、ということについて考えてみたい。

精神科の診察室でいちばん大切なのは、なんといっても「言葉」だ。

精神医療について多くを知らない人でも、「心を治療する現場では、コミュニケーションがとても大事なのではないか」という漠然とした印象はあるかと思う。たしかに精神科の診察室の中では、言葉が飛び交っている。血液検査やレントゲンでは心はわからず、言葉がなければ何も始まらない。

とはいっても、とくにはじめて会う患者さんがどんな人で、何を話したいのか、という情報を精神科医はほとんどもっていない。まずは精神科医が患者さんから、「私は誰なのか」ということを教えてもらわなければならないのだ。

そのため、患者さんに対して精神科医の側からいきなりいろいろと話す、ということはほとんどない。精神科医はまず、患者さんの言葉をひたすら聴くだけだ。

ただその聴き方には、ちょっとしたコツがある。その基本は、カール・ロジャーズという アメリカの臨床心理学者が考え出した「クライアント（来談者や患者）中心療法」という考え方に則っている。診察室まで来てくれた患者さんに敬意を払い、その言葉に対して「無条件」で「積極的な関心」をもちながら、ひたすら話を聴くのである。途中でさえぎったり反論を述べたり説教をしたりしてはいけない。もちろん、あまりに緊急を要すること——たとえば「いますぐ飛び降りて死にます」とか「覚醒剤を持参したので吸引します」などと、さし迫った生死の危険や犯罪の可能性に触れるようなことなど——を言ったときには、「やめなさい」と止めたり誰かスタッフを呼んだりする場合はまれにあるが、それ以外はさえぎったり否定したりすることはない。

私は精神科医という仕事を30年間以上やっているが、こういった例外が生じたことは一度もなかった。もちろん、「先生をなぐりたい」程度のことは何度もあったが、それでもロジャーズのことを思い出して、「そんなことを思ってたんですか」と「積極的」にその人の話に関心をもち、「そうだったんですね」となるべく「無条件」にそれを受け入れるのだ。もちろん、「なぐりたいならどうぞ」と肯定することまではしないが、

「どうしてまたそう思ったんですか」「いつからそう考えたんでしょう」などといくつか軽い質問を繰り出しながらさらにその答えに「積極的」に関心を示し、「無条件」に受け入れながら聴いていく。

そうするとたいていの場合、「なぐりたい」という話はどこかに消えて、そう思わせる原因になった家族や職場のほうに話題が移っていくことがほとんどだ。

でも、このやり方に疑問をもつ人もいるだろう。

「はあ、そうですか」「なるほど、それで」と聴いているのが精神科で「相手をわかること」のコツだとしたら、プロでなくても誰でもできるではないか。そんなことで患者さんは「先生に私の気持ちをわかってもらった」などという気になるはずがない。そう感じる人もいるかもしれない。

その疑問ももっともだと思う。プロとして「誰かのことをわかる」というのは、もっと複雑で高級なスキルを使って理解することなのではないか。そんなイメージを抱いている人も多いだろう。

しかしロジャーズの考えは、基本的には「治療者はそれでよい。あとはクライアントが自分で答えを見つける」というものだ。「無条件」に「積極的」にこちらが相手の言葉に関心をもち、こちらから指示を出したり否定したりせずに、「それはたいへんでしたね」「よくそこまでがまんできましたね」などと共感を示しながら聴いていると、クライアント側が自分の気持ちを整理して、自分の心の中を見直すことができるようになる、というのだ。これは、カウンセリングでは「洞察」と呼ばれている。

この「洞察」まで到達すると、クライアントの多くはこう言う。

「先生、私の思いをわかってくれてありがとうございます」「はじめて誰かに自分を深くわかってもらった、という気がします」

そしてそこからさらに、「先生、私やっぱりもう少し、いまの家族といっしょにやってみることにします」と進むべき道を見つける人もいる。

一部始終を理解してもらうこととは別

では、精神科医はその人について何がわかったのだろうか。本当に「深くわかった」と言えるのだろうか。

たしかに、20分くらいある人の話をじっと聴いていると、その人の状況、考え、性格などはある程度、わかってくる。精神科医はたくさんの人に会ってきているから、「この人はだいたいこんなパターンかな」と自分なりに類型化することもある。それは血液型性格診断や星占いとは違うが、「人前では強気なキャラを演じるキャリアウーマンだが、実は心の中に弱さを抱えている」「まじめな男性会社員だが、家族とは心の底から打ち解けて話せておらず、自分の人生にいつもちょっとした不満をもっている」など、人はその職業や立場、年齢によってそれなりに類型化ができることが多いのだ。

これは、犯罪捜査で言う「プロファイリング」に近いかもしれない。プロファイリングとは、犯罪の性質や特徴、集められたさまざまなデータを行動科学や心理学を用いて分析し、犯人の特徴を推論することだ。

ただ、プロファイリング的な方法でその人のことがすべてわかるか、というとそれは違う。たとえば「几帳面、努力家の会社員、仕事は熱心だが家族とはやや折り合いが悪く……」とプロファイリングできると思われる男性でも、もっと何度も繰り返し会っていると、実は「自分は本当は女性より男性のほうが好きで交際したい」という性愛の大きな問題を抱えているとわかることがある。これなど、簡単なプロファイリングでは決して見えてこない、その人固有の問題だ。

この人にとっては、ロジャーズの来談者中心療法で話を聴きながら見えてくるものだけでは、決して「自分を本当にわかってもらった」という気持ちにはなれないだろう。

とはいえ、「本当は男性が好き」というところにまで踏み込まなくても、ロジャーズの方法とこれまでの経験から身についた類型化から見えてくる「なるほど、あなたはとてもまじめな方ですが、実は誰とも心を開いて話せてないと思っていて……」という理解だけでも、相当に「わかってもらった」という気になってもらえることもたしかだ。

ここでまず言いたいのは、誰かに「わかってもらう」というのは、心の中のすべてや一部始終を誰かに伝え理解してもらうことではない、ということだ。

極端な表現だが、「相手がわかってくれるかどうかは関係ない」と言ってもよいかもしれない。

それよりまず大切なのは、誰かが自分に「無条件」に「積極的」な関心を抱いてくれて、話を聴いてくれる、ということだ。人は「ああ、この人は私を無視していない。私のことをわかろうとして私の話に耳を傾けてくれている」と思うだけで、「わかってもらえた」という気になることさえあるのだ。

言いたいことが言えれば満足

もちろん、これは本当の意味で「わかってもらう」ということからはちょっと離れた、いわゆるプロとしてのテクニックの話かもしれない。

お酒を出すクラブでお客さんと話す、いわゆるホステスの仕事をしていた知人から、接客術について話を聞いたことがあったのだが、そこではこのロジャーズの来談者中心療法がさらに過剰な形で行われているようだった。たとえば、お客さんが「今週は疲れたよ。スペインからの飛行機が2日も飛ばなくてね」と言ったとする。すると彼女は、それに「そんなことがあったんですか」と無条件に驚き、「スペインにはお仕事でいらしたんですか?」と積極的に関心を向けるのだ。すると男性はおもむろに、「いや、ちょっと大きなプロジェクトの契約があってね」と自慢も含めて自分の話を始めるだろう。するとそれに対して彼女は、「すごいですね」「やっぱり英語で商談するのですか?　英語も得意なんでしょうね」と共感を一歩超えた、賞賛の言葉を口にする。そうやってどんどん自分の話をするように仕向けると、相手は気持ちよくいろいろなことを話し、「この女性はオレのことをわかってくれている」という気になる、というわけだ。

いきなり「プロのテクニック」の話をしてしまったが、精神科医も接客業の人も、相手に「話したいことをうまく話させること」で「わかってもらえた」という気持ちになってもらう、という点では同じかと思う。

逆から考えれば、これくらいのことでも人は「わかってもらえた」という満足感を味わうことができるということだ。

「わかってもらう」というのは、実は心の内面や深層心理を正確に理解してもらうことではない。表面的な理解、あるいは相手の理解しようとする態度だけでも、人は「わかってもらっている」と満足することができる。

「わかってもらう」とはこの程度のことかもしれない、とまず理解した上で、次の話に移りたいと思う。

無意識の葛藤が浮かび上がれば解決

さて、こういったロジャーズのクライアント中心療法が有効なのは、どうしてなのか。それは、人間の心が、それにぴったりの形をしているからだ。

「心など誰も見たことがない」と言ってしまえばそれまでなのだが、やはりカウンセリングには、その前提になっているような「心のモデル」があるのだと思う。

先ほど「類型化」という話をしたが、自分のことを「わかってもらう」には、まず自分の類型を正しくわかってもらうことも大切だ。その人ならではの核心はそのさらに奥にあるとしても、まずは入り口のところを把握してもらわなければ、「わかってもらった」という満足感にはつながらないだろう。

では、これまで精神科医が前提としてきた「心のモデル」とはどんなものだろう。それはやはり、「意識のさらに奥に無意識があり、多くの問題や葛藤が無意識に詰め込まれていて意識はそれを知ることができない」という「心の多層構造モデル」だ。

ちょっと専門的な話になるが、読んでみてほしい。

たとえば女性の患者さんが、「まったくウチの夫は何かと口うるさくて、本当に許せません」と夫に対する怒りを語っているうちに、こちらが口をはさまなくても話が変化してくることがある。

「ああ、もしかすると私が怒りたいのは、本当は夫じゃなくて親に対してなのかもしれませんね。子ども時代に親に言いたくて言えなかったことを、いま夫に対して言っているのかも」

この人は、誰かに一生懸命、いまの問題を話しているうちに自分で抑圧していた葛藤に気づき始めたのだ。そうすると、今度はこれまでグチを言っていたはずの夫をかばい出すことがある。

「考えてみれば夫は悪い人じゃないんですよ。私とコミュニケーションをとりたいから、あれこれ話しかけてくるのかもしれませんね。いや、親にしても同じなのかな」

そして、こちらからは何も言っていないのに、「もう少しがんばってみます」と言って診察室を出ていく。これは、やはりそれなりに心がひとまとまりのものだからこそ、うまくいくことなのだろう。あるいは心が、意識の世界と無意識の世界の二層になっていて、無意識の中に抑圧されている葛藤を、うまく意識の世界に浮かび上がらせることができた、とも考えられる。その時点で悩みは解決し、自分なりの目標や新しい生き方に気づくことができることになる。これもまた、ひとつの心のモデルに基づいた発想だ。精神科でのカウンセリングは、この心のモデルを前提に行われる。

もっと言えば、その「心のモデル」がどういう構造になっているのか、各階層がどういう要素でできているのかをだいたい理解するのが、その人を「わかる」ということになるのではないか。また、精神科医にそれを理解されると、相談者も「わかってもらえた」という感覚になれるのではないだろうか。

AIなら期待通りの反応をしてくれる

では、精神科医のところに行かずに、自分で「わかってもらえた」という感覚を手にするためにはどうすればよいのだろう。

2017年秋、『ブレードランナー2049』という映画が公開されて話題となった。前作『ブレードランナー』が作られたのは1982年、なんと35年後に作られた〝続編〟なのだ。ただし、監督は前作のリドリー・スコットから現在、売り出し中のドゥニ・ヴィルヌーヴにかわっている。

『ブレードランナー』の原作のテーマは、「アンドロイドと人間との違いは何か？」というものだ。今回の続編では、アンドロイドと人間との違いはますますわかりにくくなっている。アンドロイドにも心があるのはあたりまえになっていて、アンドロイドどうし、ときには人間に対して恋愛感情ももつ。

そしてさらに興味深いのは、恋人や妻のいない人間やアンドロイドのために、ＡＩの会社が配信するバーチャルな彼女と対話したり、オプション機能でいっしょに出かけたりもできるということだ。主人公のアンドロイドＫも、アパートではそんなバーチャル彼女のジョイとの会話を楽しみ、ときにはドライブにも出かける。

仕事で疲れて帰ってくると、ジョイがＫのそばに座っておしゃべりの相手をし、慰めたり励ましたりして、「あなたは特別な存在」と自尊心をくすぐるようなことを言う。Ｋはときにはジョイの言葉から生き方のヒントを得たり、ハッと何かを気づかされたりすることとさえあるようだ。

「ジョイは理想の恋人だ。心からKのことをわかってあげている」

この映画を見た人は、誰もがだんだんそう思うようになるに違いない。私もそう思った。

しかし、途中でネット環境が悪くなってジョイがフリーズする場面がある。そこで私は、「ジョイはあくまで人工知能が作った存在で、使う人の願望や趣味などを学習してそれにあうような言動をしているだけなのだ」と改めて気づかされた。

「そうか。ジョイが本当にKのことをわかってあげていたのではなく、あくまでジョイはKが作り出したバーチャル恋人だからこそ、Kのすべてに合わせられるだけなのだ」

おそらくここで、見ている人たちの反応はふたつに分かれるに違いない。

まず、そこでしらけた気持ちになり、「これじゃただの自問自答じゃないか。バーチャル彼女なんてやっぱり意味はない」と思う人もいるだろう。しかしもしかしたら、「自分が生み出したバーチャル彼女でもいい。誰かにここまで気持ちをケアしてもらえれば、それでいいではないか」と思う人もいるかもしれない。

私がほしいのは、もしかすると自分が作り出したバーチャル恋人のジョイのような存在ではないか。「わかってもらえない。わかってもらいたい」と思っている人は、一度自分にそう問いかけてみてほしい。

単に同意してほしいだけではないのか

ここまで話してきたように、「誰かにわかってもらえた」という感覚は、「正確に完全に理解される」ということとは違う。

「わかってもらいたい」と思うとき、その人には「こんな風にわかってもらいたい」というイメージがすでにできている。それは、「私は自分で自分のことが全然わからない。だから誰かに少しでもわかってもらいたい」であっても、「自分のことはなんとなくわかっているのだけど、誰もそれに目を向けてくれない」であっても、ほぼ同じだ。「全然わからない」という人でも「ほぼわかっている」という人でも、自分以外の誰かに「わかって」と願うときには、「こんな感じでわかって」というモデルがすでにあるのだ。

だから、もし相手が「よし。あなたのことをわかってあげよう。そうだね、あなたはこういう人でしょう」と熱心に何かを言ってくれたとしても、それが「こんな風に」

「こんな感じで」というその人があらかじめ心の中に描いていたイメージやモデルと全然違う場合は、到底、それを受け入れることはできない。逆に「全然わかってくれないじゃない！」と怒りを感じたり失望したりすることになるだろう。

診察室にもときどきそんな人がやって来る。「誰にもわかってもらえないのです」と言う人の話を聴いて、「先生、私のことわかりますか？　私ってどういう人間なのでしょう？」と尋ねられて、「そうですね。あなたが心の中に抱いている葛藤はこれこれで、そのことをこういうように解決したいと思っているのではないでしょうか」などと解説しても、多くの場合は「やっぱりわかってくれないのですね」と言われてしまう。

もちろん私の解説が正しいとは限らないが、それでも多くの人と話をしたり精神分析を学んだりした経験を生かしての話だから、まったく間違っているということはないはずだ。それでも、いや、こちらが「これはかなり正確なはずだ」と自信をもって解説すればするほど、その人は「そんなんじゃありません。やっぱり私のことをわかってくれる人はどこにもいないのですね」などと肩を落とし、診察室を出ていくことになる。

そういう場合は、やや作為的だが、「この人はどういう風に自分のことをわかってもらいたいのだろう」ということに焦点をあてて話を聴き、「なるほど。自分は努力をしているのになかなか報われず、損ばかりしていると考えていて、そのことを誰かにわかってもらいたいのか」とモデルやイメージを先に見つけてから、それに近いことを言ってみる。

それは必ずしもその人のそのときのいちばんの葛藤とは違うこともあるのだが、とりあえず「こういう風にわかってほしい」というイメージを正しく言い当ててあげることができれば、その人は「やっと私をわかってくれる人に出会えました」と喜び、こちらに信頼を寄せてくれる。「実はあなたの本当の問題は、その〝努力が報われないこと〟ではなくて、母親の管理下にありあなた自身も依存していることです」と告げるのは、もっと対話を重ねてからのことだ。

冒頭の『ブレードランナー２０４９』の話を使えば、誰かに「この人はわかってくれる」と思われ、信頼を得られるかどうかは、その人にとってのバーチャル恋人ジョイにこちらがどこまでなれるか、にかかっているというわけだ。逆に考えれば、「わかってもらうこと」というのは「言ってほしいことを言ってもらうこと」なのだとも言える。

どうだろう。こうやって種明かしをしてしまうと、「なんだ、『わかってもらう』ってかなりひとりよがりなんじゃないか」とがっかりする人もいるのではないだろうか。ただ、「わかってもらいたいのに誰にもわかってもらえない」といつも思っている人は、「私にとってわかってもらうとはなんだろう？　どんな風にわかってもらいたいのだろう？」と一度、考えてみる必要があるのはたしかだ。

大切なのは親身になってもらえたかどうか

そしてもうひとつ大切なことがある。それは、「わかってもらう」というのはただ言葉で「あなたにいま必要なことはこれとこれ」と、「言ってほしいことを言ってもらう」だけではない。

実は、それより大切なのは、誰かが「この人のことをわかってあげたい」という姿勢を見せることだ。

30代の女性が診察室で話してくれたことがあった。

「私の祖母は認知症が進んで施設に入っているのですが、過去のことはほとんど忘れてしまっています。でも、孫である私の顔はかろうじて覚えていて、訪ねていくととても喜んでくれ、〝学校はどうなの。あなたはやさしすぎる子だから意地悪されているんじゃないの？〟などと言うのです。私のこと、小学生だと思ってるんですね。話しているとすぐに頭をなでてくれたり、〝お母さんにはないしょだよ〟とお菓子をくれたりします。いまでも祖母は私のいちばんの理解者です。会社なんかでつらいこともありますが、祖母だけはわかってくれている、という気がしています」

この場合、祖母には「バーチャル恋人ジョイ」と重なるところはまったくない。それどころか、祖母は孫が何歳なのかさえわかっていないのだから、「わかってほしい」という要求にまったくこたえていない、とも言える。

ところが、孫は「祖母だけがわかってくれている」と思っている。

これはなんだろう。

おそらくこの孫にあたる女性には、その理解の内容は別にして、とにかく祖母が自分のことをとても大切に思ってくれていることは間違いない、という確信はあるのだろう。

そして、「意地悪されるあなたが悪い」などと自分を責めることはまったくなく、「あなたはやさしすぎる」と全面的に自分の味方をしてくれ、特別にお菓子をくれようとしたりする。この「守ってくれている」「どんなときも味方になってくれる」という感覚と、「わかってもらっている」という感覚はほぼ同じだ、ということをこの女性は示している。

しかも、「守ってくれている」というのは実際にトラブルを解決してくれたり自分の前に立ちはだかったりしてくれたりすることでさえない。祖母は施設に入っており、現実的にはこの孫のために何もできないからだ。それでも孫は、祖母がそういう気持ちをもっているだけで、「わかってもらっている」「守られている」と強く実感している。

「わかる」「守る」の形はひとつではない

第3章でもふれたが、よく診察室で、「夫は自分のことを何ひとつ理解していない。味方にもなってくれない」と不満を述べる女性がいる。この場合、夫は仕事で忙しすぎて、たとえば女性がインフルエンザで寝込んでいても、「何か食べたいものはない？買っていこうか？」と電話をくれることもないのだと言う。たしかにそれは寂しいことだろう。

ただ、この夫は妻のことをまったく理解していないか、守ろうとしていないかというと、それはまた違うと思う。

私はある民間企業の健康管理室で産業医をしているのだが、たいへんに仕事量が多いその会社で面談をしていると、多くの男性社員がこう語る。

「毎日、家に着くのは深夜になるし、週末は疲れからぐったり寝ているだけだし、正直言って家族のためにはほとんど何もできていません。妻との会話もあまりないのです。ただ、家族のことは自分なりに大切に思っているつもりです。だからこそ夜遅くまでのハードな仕事でもがんばれるのです」

もしかするとこの人の妻は、「深夜まで家族をほったらかしにしている夫は、私のことなんかまったくわかってくれる気さえない。何かあっても守ってくれるわけもない」と思っているかもしれない。しかし、夫は「いまは家族のために猛烈に働くのが、妻や子どもに対する自分なりの思いやりや愛情の示し方なのだ」と思っているのだ。

このように「わかる」「守る」にはいろいろな形があり、「こうしてくれるのがわかってもらうこと」という定義からしてそれぞれが違う場合もある。自分の定義にあわないからといって、「私は本当はこの人にわかってもらいたいのに全然わかってくれない」と決めつけるのは、ちょっと一方的すぎるのではないかという気がする。とくに男性と女性の場合、「わかるとは何か」「守るとは何か」には大きな違いがある場合も少なくないからだ。

思いやっていてもすれ違いは起こる

アメリカの作家オー・ヘンリーがいまから100年以上も前に書いた『賢者の贈り物』という短編小説を知っているだろうか。簡単にあらすじを書いておこう。

「若く貧しい夫婦がいた。その年のクリスマスの前、妻は夫に買うプレゼントのお金がなく、自分の美しい髪の毛を切って売り、夫が大切にしている懐中時計につけるプラチナの鎖を買った。

一方、夫も妻へのプレゼントのお金がなかったので、懐中時計を売って、べっこうの櫛を買った。

妻は、プラチナの時計鎖を用意して楽しみに夫の帰りを待っていたが、ドアを開けた夫はびっくり。べっこうの櫛が飾るはずだった妻の美しく長い髪の毛がなくなっていたからだ。また、妻も夫の話を聞いて驚いた。プラチナの鎖をつけるはずだった懐中時計はもうない、ということがわかったからだ」

もちろん、この話はお互いにそれほど相手を愛していたという美談であり、読んだ人たちは若い夫婦が自己を犠牲にしてまでも相手を思いやるその気持ちに涙する。

しかし、こうも考えられないだろうか。それは、こんなに愛しあっていたにもかかわらず、夫婦は「お互いにとって何がいちばん大切か、何が大切でないか」を知らなかったではないか、ということだ。妻にとって髪は「何かあれば切って売ってもよい」というものであり、夫にとって懐中時計は「何かあれば売ってもよい」というものだった。それにもかかわらず、夫婦はそれが相手にとっていちばん大切なものと信じ、それを飾ることが自分が相手に示せる最大の愛情と思い込んでいたのだ。

この夫婦は「そこまで私を思いやってくれていたのか」というその姿勢にお互い感謝し、より愛情を深めることができたが、一歩間違えばたいへんな亀裂が入ったかもしれない。

「えー、おまえ、髪切っちゃったのか！　あんなに髪だけは長くしていてほしいと言ったのに。どうして黙って切るんだよ。ひとこと相談があってもいいだろう！」「あなただって唯一の財産だった懐中時計を売っちゃうなんて、バカみたい。あなたのために髪を切った私の気持ちはどうなるのよ！　結局、あなたは私の思いやりの気持ちなんて、まったくわかっていないのね！」

このようにお互いをののしりあっても不思議ではない。

つまり、「わかり合っている」といっても、それは一歩間違えばこういう決定的なすれ違いにもなりかねない、微妙なバランスの上に成り立っているということだ。

この物語が１００年の時を超えて生き続けているのは、夫婦が「正しく完璧に理解しあっていること」にではなく、「とにかく相手のために自分を犠牲にできること」という心意気に感銘を受けている人が多いからだ。つまり、先ほどの施設にいる祖母と同じように、「正しいかどうかはさておいて、とにかく相手のためになりたい、わかってあげたい」という心の姿勢を感じたら、そこで「わかってもらえた」と思ったほうがいいのではないか、ということもこの物語は教えようとしている。

このように、「わかってもらいたい」と思う気持ちは、いろいろ複雑であったり言葉通りの意味でなかったりし、なかなか単純には満たされない。極端な言い方をすれば、「私が願う通りにわかってもらえないのはあたりまえ」くらいに考えておいたほうがいい、とも言える。

第7章

自分で自分がわからない人たち

極端に傷つきやすい若者たち

前の章で、心は意識や無意識といった層でできており、そこにいろいろな要素が詰め込まれ、全体として「自分」ができている、という話をした。その構造の多層性がなんとなく自分で把握され、そこの要素がそれぞれわかり、さらにはその全体のまとまりが感じられることが「わかってもらえた」という感覚につながるのではないか、というのが臨床の場での実感だ。私は診察室で、ぼんやりとでもその人の心の統一像をゴールに置いて診察を進めていくことが多い。

ところが最近、これがうまく使えない、通じないというケースが臨床の場で増えてきたのだ。

こちらが「はあ、そうですか。ふんふん、それで」などと言いながら、相手に存分に語ってもらっても、話がいっこうにおさまらない。「洞察」にもつながらない。こちらが理解するために類型化しようと思っても「あれかな、これかな」といっこうに決まらないし、本人も「わかってもらえた」と満足することがない。

逆に、話すうちにどんどん怒りや憎しみが増幅したり、話題が遠くに飛んでしまって収拾がつかなくなったり、途中から本人もどこまでが現実なのか、どこからが創作なのかわからなくなったり、というケースさえある。

これまでのロジャーズ的なかかわり方ではうまくコミュニケーションがとれない人たち、精神療法でのかかわりが成立しない人たちには、いったい何が起きているのだろう。

話をわかりやすくするために、とくに若い世代の人たちのことについて話していきたいのだが、いま彼らの特徴として「とても傷つきやすい」という点があげられている。自分で話していても、その心の傷にひっかかってしまうと、そこで話が停滞したりズレてしまったりする。中には、こちらが「その次はどうなりました？」と話を促すだけで傷つく、という人さえいる。

大災害や大惨事で心が傷つくことがある、というのはＰＴＳＤ（心的外傷後ストレス障害）とともに広く知られるようになったが、いまの若者たちは生命の危機に瀕するような事件ではなくて、日常的な生活、とくに人との会話、コミュニケーションの中で容易に心が傷ついてしまうのだ。そして、その傷つきの経験を自分の中に非常に大きな核としてもち続けているので、その心の傷のあたりからしか、ものごとを考えたり発想したりできないのかもしれない。

この心の傷を中心とした心のモデル、というのはこれまであまり想像されていなかったものだ。

そして、この「意識と無意識の心のモデル」ではなくて、「傷ついた心のモデル」の場合、その理解や本人が「わかってもらった」と満足するようなかかわりは、これまで以上にむずかしくなる。

相手の言動を勝手にネガティブに解釈

若者の傷つきやすさのレベルが上がった、という例をもう少しあげておこう。個人的なことになるが、私は週のうち半分は大学の教員、半分は病院で診療の仕事をしている。

ふたつの職場はちょっと距離が離れているので、患者さんの中で緊急の連絡が必要な人やゼミの学生には携帯のメールアドレスを教えてあるのだ。すると診療のあと、あるいはゼミのあとに、患者さんや学生から「先生、私、何か先生に失礼なこと言ってしまったでしょうか。もしそんなことがあったら許してくれますか」といった一方的な謝罪のメールが来ることがある。こちらにはなんのことかもさっぱりわからないので、率直に「どういう意味ですか？」と尋ねてみると、「今日、先生はいつもより不機嫌に見えた。それってきっと自分の態度に問題があるのだろう、と思ったので、こうしてメールしてます」といった返事が戻ってくる。中には、「そんなに私のことが嫌いならもう姿を現しません」などと気の早いことに決別宣言までするメールもある。繊細で傷つきやすいばかりではなく、他人のちょっとした表情の変化や言葉にも敏感に反応し、そこになんらかの意味や意図、とくにネガティブな意味があるのではないか、と勝手に解釈してしまうわけだ。こちらも、これまで以上に彼らへの接し方に気を使わざるをえなくなった。

しかも、いったん人間関係の中で傷つくと、その治りもきわめて遅い。診察室で「あの母親の言葉、絶対に許せない」と昨日のできごとのように詳しく語り、息巻いている女性に、「それはいつの話ですか」と尋ねると「かれこれ15年くらい前」といった答えが返ってくることもある、という話は前にも述べた。

もともと怒りという感情はなかなか弱まりにくく、いったんおさまってもそのことを思い出した瞬間にまた新たな怒りがわいてくる、という特徴をもっている。その傾向がとくに最近、強まっているのだ。しかも、「そのときに私はこんな洋服を着ていて、父親がもっていたブルーの花柄のカップがブルブルと震え……」と映像的なはっきりした記憶とともにその状況を再現して語る人も多いようだ。記憶が言葉によってではなくて、映像の形をとりながら蓄積していく、というのは、テレビやビデオで育った世代ということとも何か関係があるのかもしれない。

私は〝その他大勢〟という人たち

それから、それ以前に「話せない」というケースもある。

「あなたが思っていることをなんでもお話ししてください」と勧めても、なかなか話し出せない。そしてポツリと、「どうせ私の話なんかしてもしようがない」とか「結局自分のことなんか語ったって意味がない」とかいった言葉が口から出る。こちらがいくら「私はいま、あなたにだけ関心があるんですよ。あなたがいらっしゃるのを待ってましたよ」といった態度をとっても、それがなかなか受け入れてもらえない。そこまで、自分の話、自分の存在に自信がないのだ。

精神医学でいうところの自尊感情の低下や自己肯定感の低下が起きている状態だ。もっと言えば、「自分なんてその他大勢のどうでもいい人間なんだ」という感覚である。そこまで自分の人生に対して主体性がもてなければ、毎日の生活でもさぞしんどいのではないか、と思うのだが、こういったケースも非常に多い。

彼らは両親などまわりのおとなから愛されなかったからそうなったのか、というと、どうもそうとも言い切れない。たまに家族と面談すると、たいていは過保護といえるくらいに過剰に子どもに関心を注いでいる親がほとんど。そうやって大切に育てられれば育てられるほど、「親に期待されても自分にはこたえられない」と思い、逆に「私なんて、いてもいなくてもどっちでもいいんだ」と自己肯定感が下がっていってしまう、というのは皮肉な話だ。

いま大学で学生たちを見ていても、自己肯定感が一見、そこまで低くないような人でもとにかくまわりに合わせる、空気を読む、みんなに好かれるということに必死になっている人が少なくない。いま「モテ」という言葉が流行っているようだが、男女問わず「モテ」に非常に関心の高い学生、つまり異性に好かれるような服装、髪型、言葉づかいをして、とにかく目を引きたい、大勢の人から「カッコいい」「かわいい」と言われたい、という人たちがあふれている。最近は、香水にまで「モテ香」などと書かれている。

この人たちは自分に自信があるから「モテ」に走るのではなくて、基本的には自己肯定感が低いので、他者からの評価にそこまで執着してしまうのではないだろうか。自分が好きな格好をすることではなくて、まわりの人たちにウケる格好をすることが優先される。たくさんの人たちから評価されていないと、自分が自分でいられない。

生きづらさを自覚する前に暴走

それからもうひとつ、他者評価の座標軸の中でも自分の立場をうまく確立できないでそこにとどまれなくなると、今度はそれを行動化してしまう、というタイプもある。

「言葉で表すより行動や態度で示す」というのは、「幸せなら手をたたこう、幸せなら態度で示そうよ」という歌があったように、よいことと考えられる場合もあるのだが、それとは違う。もっとわかりやすく言えば、本人なりに傷ついたり非常に苦しかったりするその感情を言葉として自覚するその前に、自分でも気づかないうちにとにかく行動に出してしまうのだ。

この「生きづらさを自覚する前に行動で表現する」というタイプは最近、増えているのではないだろうか。

たとえば、ネットにはいま自分の写真をアップする人たちがたくさんいる。もちろん、「友だちとレストランで食事をしている自分」や「テーマパークでアトラクションの乗り物に乗っている自分」といったほほ笑ましい写真が多いのだが、中には自分のかなりきわどい写真をあげている女性もいる。その中に、下着や水着姿の写真ばかりをツイッターにあげている女性がいた。プロフィールには「20代のフリーター」とあり、グラビア撮影などで使われることが多いらしいあるブランドの下着や水着を「かわいい」「おしゃれ」と絶賛しており、「ついにあこがれの新作をゲットしました！」と購入してはそれを着用した姿をアップしているのだ。

その写真に対して、多くの男性たちが「とてもステキです！」「もっといろいろなポーズをお願いします！」など賞賛のコメントをつける。それどころか、女性たちまでが「大胆な水着に挑戦する勇気、カッコいい！」「どうやればその体型をキープできるの？教えて！」などとはやし立てた。

するとは彼女はさらに露出を激しくしていき、ついにほとんど全裸に近い姿をさらすようになった。それでも誰も「もうやめたほうがいいよ」と制止することはなく、「きれい！」「すごい！」と絶賛するばかりだった。

たまたま彼女のアカウントを見つけてしまった私は、「この人はどうなるのだろう」とときおりチェックしていたのだが、あるときのぞいたら「今日はこれだけ薬が出た」などと自分の処方箋や薬局で出された薬の写真をアップしていた。その前から、「気持ちが落ちた」「昨日も眠れないまま朝になった」といったツイートが増え始めていたようだ。フォロワーからは「早くよくなるといいですね」「またステキな写真待ってます！」といった励ましのメッセージも寄せられていたが、下着写真のときのような熱狂や絶賛はない。そのうち「どうして生きてるんだろう」「もう息したくない」など自殺願望ともとれるようなツイートまでが混じってきた。

おそらくこの女性は、はっきりした信念や写真に対する思いがあって自分の下着姿をさらしていたわけではなく、先に「生きづらい」という思いがあったのにそれを言葉としてはっきり自覚する前に、「とにかくそれを埋めるために何かしなくては」という思いから極端な表現に走ってしまったのではないだろうか。しかし、それがいくら他者から評価されたとしても、「私がほしかったのはこれだろうか？　これは私のハダカがほめられているだけで、私がハダカになるのをやめたら、誰も関心をもってくれないのではないだろうか？」と葛藤が大きくなるばかりだったのではないか。そこではじめて、「眠れない」「つらい」と言葉にして、メンタル科を受診して処方してもらうようになったが、もちろん彼女の生きづらさはそれだけで解決するわけではない。

この女性が行った「大胆な姿の自分を写真でさらすこと」は、ある意味でリストカットなどの自傷行為に近いものがある。「そんなことまでして大丈夫なの!?」とまわりが驚くような大胆な姿を通して、「私はこんなことをしなければならないほど生きづらい、しんどい」と表現していたのかもしれない。問題は、そうしていたときには彼女自身もそのことに気づいていなかった、ということだ。

ここで「わかってほしい」という思いに気づく前に行ってしまうリストカットについて、少し解説しておきたい。

ある調査では一般の大学でも5％ほどのリストカットの経験があったと、またある県で行われた別の調査では「中学校のあるクラスの女子20人全員がリストカット経験あり」という結果も報告されており、いまやリストカットは一部の特殊な若者の問題行為ではなくなった。

自傷行為に限らず、ほかの衝動行為も増えている。たとえば「買い物依存」の人たちも、買い物が大好きでやめられない、という問題ではなくて、「これステキ」と思った瞬間にがまんできなくなり、ほしくなくても買ってしまって、そのあとで非常に後悔する、という人がほとんどだ。ギャンブル依存、セックス依存などもまったく同様である。

本人もいったいどうしてこんなことをしてしまったのか、自分でもわからないというケースもある。「なぜ買ったのか」「なぜ自分に傷をつけたのか」、よくわからない。その直前に、ちょっとイライラした、ムシャクシャしたといった記憶は、かすかにあるけれど、それと行動が直接は結びついていない、ということも少なくない。しかも、そういう感情を自覚した瞬間にはもう、行動のほうは終わっている。よく犯罪を起こした少年が、「気がついたら自分がナイフを握っていて、そこに友だちが倒れていた」などと言うが、これはあながちウソではないと思う。

従来の心のモデルでは説明不能

ここでいったい、何が起きているのだろうか。ひとつはっきりしているのは、従来の「何かひとつの核を中心にまとまりをもった心」「意識と無意識とがあるが全体としてはひとまとまりになった心」を前提としたいわゆる「心の統合モデル」では、このことは説明できない、ということだ。

では、それにかわる新しいモデルはあるのか。それともモデルが完全になくなってしまったのか。

私は、心のモデルは完全になくなったわけではなく、従来のものから新しいものに変わりつつあるのだ、と思っている。

ここでその新しいモデルに、私は「心の解離モデル」という名前をつけたいと思う。「解離モデル」とは何か。

簡単に言うとそれは、「多重人格」に近い心のあり方、と言えばよいだろう。心の構造が「多重人格」に近くなれば、「わかってもらう」ということの意味も変わってくる。いま起きているのはこういうことなのではないか、と思うのだ。

ここで言う「多重人格」というのは、小説「ジキルとハイド」のようにまったく違う人格が交代しながら現れる、医学的に「解離性同一性障害」と診断されるほどのものではない。「とてもいつもの自分とは思えない」というような表情、態度、言葉が簡単に現れる人たちのことを指す。

ふだんはおとなしい女性が豹変

ここで私の診察室での経験をいくつか紹介したい。

最近、ふだんはおとなしい女性なのに、夫の前ではときどき豹変して怒りをぶちまけ、暴言を吐き、ものを投げる、蹴る、噛みつくなどの暴行にまで及ぶ、という人が、夫にあるいは母親に連れられて受診するケースが増えている。

その女性たちにきくと、自分の豹変には、それなりの理由があり、夫が浮気や借金をしているのがわかった、あるいは夫の母親が自分に対してひどいことを言った、などというのだ。

ただ、「それなりの理由がある」ということ以外にも、怒りを抑えられない彼女たちにはいくつかの共通点がある。具体的なケースとともに、それをあげてみよう。

結婚20年目になるユリさんは、新婚の頃に夫の母から言われたひとことがどうしても忘れられないという。小学校の教師をしているユリさんに、義母は「息子はおとなしいから、てっきり専業主婦タイプを選ぶと思っていた」と言ったというのだ。

「私の仕事が忙しいことを責められた気がして。電話のナンバーディスプレイに義母の番号が浮かび上がると、それだけで冷や汗が出て動悸がしてくるんです」

毎年、年末になると夫の実家に帰省するかしないか、ということが、大問題となる。わずか数日であっても、義母の顔を見ながら過ごすというのは、ユリさんにとってはあまりの苦痛で耐えられない。夫はユリさんの気持ちを理解しており、「帰省は２、３年に一度にしよう」とは言ってくれるが、「もう二度と帰るのはやめよう」とまでは言ってくれない。

「夫はもう昔のことだし、いいじゃないか、と言うのですが、私にはどうしても忘れられないんです。私の全人生を否定するような言葉だったもので」

ユリさんは、顔を真っ赤にしながら、そう語っていた。

そして、まるでいま目の前に義母がいるかのように涙を流し、ユリさんは声をやや荒げてこう言ったのだった。

「私は仕事に誇りをもってるんです。息子の嫁は専業主婦がよかったなら、そうすればよかったじゃないですか！　私から仕事を奪おうとしてもそうはいきませんよ！」

一般的にも、喜びやうれしさに比べて怒りの感情は時間とともに薄れにくく、思い出すたびに更新されると言われているが、それにしても20年前のことなのだから、水に流してもいいのではないか。しかし、ユリさんは簡単に20年前にタイムトラベルしてしまえるのだ。

キレているときの記憶がほとんどない

もうひとつ別のケースを紹介しよう。

その女性、カオリさんが診察室にやって来た目的は、「夫の浮気がきっかけで落ち込みがひどいので、それをなんとかしたい」というものだった。

しかし話を聞いているうちに、「落ち込み」よりも問題なのは、夫に向けられる容赦ない発作的な「怒り」であることが明らかになってきた。

カオリさんは、淡々と話した。

「浮気といってももう2年前のことですし、私は許しているつもりなんです。主人も反省しているようですし。でも、たとえば家族でテレビを見ていて浮気の場面が出てきたりすると、頭がカーッとなってきてしまって。

その先のことは覚えてません。主人に対しても、〝テメー、コノヤロー、ブッ飛ばすぞ！〟なんて言って、そのへんにあるものを投げつけてしまうらしいんです」

目の前のカオリさんは、いわゆるセレブ系の女性誌に出てくるような上品な装いだ。

問診票に書かれている「最終学歴」も大学院卒とあるし、趣味の欄にも「ホットヨガ、テーブルセッティング、食べ歩き」などと書かれている。どう間違っても、この女性が「テメー、コノヤロー」などと夫を前に荒れている姿は想像できない。

ここまで来ると、ただの「キレやすい性格」では説明がつかない。ふだんの自分とは異なるまったくの別の自分が現れて、そのあいだのことは覚えていないというのだ。カオリさんも夫や子どもから「いったいどうしたの？　さっきはいつものママと全然違ってコワかった」とあまりに何度も言われるので、病院に相談に来たとのことだった。「夫の浮気以降こうなった」と一応、原因らしきことは述べていたが、その一方で「……と言われるんですよね」「……らしいのです」とすべてを他人事のように話していた。

実は、こういうケースは最近めずらしくない。「夫のスマホを踏んで壊して、はっと我に返った」「気がついたらクローゼットにある夫のネクタイを全部ハサミで切り刻んでいた」などと、まるで他の人の話をするように診察室で語る女性が少なくないのだ。

彼女たちはいずれも「まったく記憶にない」と言う。精神医学的には「解離性同一性障害」と呼べる状態と考えられる。

「解離性同一性障害」は、「解離性障害」のひとつだ。この「解離性障害」とは、トラウマなどをきっかけに「心のまとまり（統合）」に問題が生じ、記憶喪失や現実感の喪失といった症状が出現する一種の心の病だ。より具体的に言えばこの解離性障害では、私たちが何かを感じたり考えたり過去の記憶を思い出したりしながら、あたりまえに感じているはずの「これはほかでもないこの私の感覚や考えであり、記憶なのだ」という実感が薄れる。

この解離性障害の中でももっとも深刻なものが、「解離性同一性障害」なのだ。別人格が出現し、しかもそれをほとんど記憶していない、というカオリさんは、ほとんどこれに近い状態に陥っているとも考えられる。

たしかに、「思い出すたびにまたありありとあの日のことが思い出され、怒りも新たにわいてくる」と語る彼女たちは、一種のフラッシュバック状態にあるとも考えられる。このフラッシュバックも、トラウマを経験したあとによく起きる現象である。その意味では、義母のきついひとこと、夫の浮気の発覚などは、彼女たちにとってはトラウマ、心の傷として、その記憶に刻み込まれたものかもしれない。

そして、何度かのフラッシュバック体験を経て、彼女たちの中に〝もうひとりの自分〟が出現して、「テメー、コノヤロー」とふだんの姿からは想像もつかないような言葉を発し、暴力にまで訴えるようになったのだ。

だとすると、彼女たちが「どうも夫に対してひどいことをしているようなのですが、実はあまり覚えていなくて……」と診察室で困惑げに語るのも、不思議ではない。

些細なことでも多重人格になる

彼女たちがこだわり続ける「義母のひとこと」や「夫の浮気」は、本当にトラウマとして記憶されるほどの深刻な問題であったのだろうか。

一般的には、解離性障害を引き起こすほどのトラウマとは、慢性的な虐待など命の危機に及ぶほどのものだと言われている。ただ最近は、たとえば横綱（当時）・朝青龍が日本相撲協会からの処分によるショックで一時的な解離性障害に陥ったことからもわかるように、命の危機に及ぶほどのできごとでなくてもそれがきっかけで解離性障害を起こす人が増えていることも知られている。解離状態が、つらい現実からの一種の逃げ場のように機能しているのだ。

たとえば、「会議でみんなの前で注意されて頭が真っ白になった」「恋人にひどいことを言われて、パニック発作を起こしかけて気絶した」と訴える若い女性もよくいるが、この人たちも、「これは私の失敗だ」「恋人にひどいことを言われたのはほかでもない私だ」という現実を受けとめることができず、「頭が真っ白」になったり「気絶」したりするのだと思われる。そうなってしまえば、それから先のできごとは見たり聞いたりしなくてすむわけであるし、それまでに起きたできごとさえ、「これは事実だったのか夢だったのかわからない」と思うこともできる。

もちろん、この人たちは意図的に解離性障害をつらい現実からの逃げ場として使っているわけではないのだが、その「スイッチ」がこれまでよりもより簡単に入りやすくなっていることはたしかだと思われる。

おそらく、「夫の浮気の話をしていると、人格が入れ替わったように暴力的な言動を始める」という人たちも、心の奥底ではやはり夫を許せず、あるいはいまの生活全体に満足することができず、夫や周囲の人たちにもまだまだ言いたいことがあるのだろう。

しかし、優雅で上品な生活を送っている彼女たちとしては、自分がキレて暴言を吐くような人間だということは認めたくない。そこで持ち出されるのが、「もうひとりの私」という人格の多重化であり、「言ったことを覚えていない」という記憶喪失なのだろう。

葛藤のひそむ場所を探りようがない

多重人格が発生すると、記憶は人格ごとに寸断され、もちろん性格や趣味なども人格ごとに違うから、からだはひとつなのに心の中はまったく統合がとれていない状態となる。かといって完全に混沌としているわけではなくて、壁で仕切られ、心が小分けされているような感じである。

このような状態のときに、小分けされたどこかのパーツで「怒り」が生じ、その中では「よし、ここは暴れるしかない」と判断して行動しても、ほかの部分はまったくそのことには関与していない。だいたい自分でやった、という自覚さえない。また、「怒り」が発生した人格が前面に現れない限り、衝動行為はまったくの他人事だ。

多重人格になると、こうして人格ごとに勝手な行動が始まり、全体としてそれを統率する司令塔はなくなってしまう。だから、「あのときの気持ちを思い出して語ってください」などと精神科医に言われても、「さあ、さっぱり思い出せないのです」ということになるのも当然だ。

心の奥にひそむ葛藤であれば、まだ無意識を掘り起こせばそこに隠れているはずだが、多重人格の場合はその葛藤がどの人格のどこにあるのか、まったくわからない。あるいは、何か問題が起きても、それが葛藤として無意識にしまい込まれる前に、どこかに消えてなくなってしまった、という場合も考えられる。そこでたまたま前に出ている人格のカウンセリングを進めても、そこからは結局、何も出てこなかった、などということになりかねない。

ひとつの人格について「わかってもらった」と感じても、別の人格は「私のことは全然わかってもらえていない」と不満に思うだろう。わかろうとする側の立場としても、自分がわかっているのが相手の人格のどれなのかがはっきりせず、「私はこの人のことを本当にわかっているのだろうか」と心もとない感覚となる。

ミルフィーユのように壊れやすい心

心の解離モデルというのは、ひびの入った非常に薄い氷のような厚みのない心、あるいは薄くもろいパイ生地が何重にも重なったケーキの「ミルフィーユ」のような心、といったイメージだ。

そこでどこかがちょっとでも傷つくと、あっという間にパリパリと割れてそれぞれが離れてしまう。厚みさえあれば深いところにそのダメージが届く反面、表面の傷は癒えていくが、解離モデルではあくまで表面がパリンと割れるだけである。

表面しかない、ということは、それだけ表面が大切、ということでもある。だから彼らは、こういった危うい解離モデルで生き抜くために、必死でまわりに気を使いながら、みんなにどう見られているだろう、みんなから浮いていないだろうか、ちゃんと評価されているだろうか、ということだけを拠りどころに生きていくしかないのだ。同時に「全体をわかってもらえていない」といつも不満や不安を抱えていることは言うまでもない。

統合・葛藤モデルから解離モデルへ。厚みのある弾力性のある心から薄く割れやすい心へ。

このように、心のモデルそのものが急激に変わってきているのではないか。何層にもなった心を簡単に切り離すことで自分を守ろうとする人が増えているのではないか。

実際に、この解離モデルが素地になって発生する解離性障害の激増は、どの臨床家にも指摘されているところだ。この解離性障害の増加が指摘されるようになったのは、アメリカ、カナダなど北米では1980年代以降、日本では1990年代以降だ。

解離そのものが従来からあったことは先にも話した通りだが、繰り返しておくと、これまでの解離は東日本大震災クラスの大災害や殺人事件に巻き込まれそうになるといった生命の危機のときに、心が崩壊を避けるための緊急装置として作動させるシステムでしかなかった。それが最近は、人間関係のちょっとしたトラブルや「わかってもらえない」といった失望でも簡単に記憶喪失、遁走《とんそう》などの〝心の切り離し〟が見られるようになってきているのだ。

他人に自分を統合してもらいたい

もし解離モデルがいまの若い人たちに広まっているとしたら、それはなぜなのか、という問題がある。そして、人間の心のモデルはもう、統合・葛藤モデルから解離モデルに移行するしかないのか、これはある意味で必然的な変化、さらには進化なのか、という問題もあると思う。

前者の「なぜ」という問題については、ネットを中心にした情報化社会やテレビなどの映像メディアの発達、また世界的に「結果がすべてでプロセスは無視」といった成果主義的な考え方が広がったことなど、複合的な要因が関係していることは間違いない。

いまどき「首尾一貫」とか「初志貫徹」などと言って変わらぬ自分をキープし続けると、時代の速度についていけない。それよりは、いまアクセスしているメディアに合わせてまったく違う自分として生きていくほうが、よほどいまの時代は生きやすい。たとえばSNSやブログの中で現実の自分とは違うプロフィールを設定し、いつもとは別の自分として発言をしたり、議論をしたり、場合によっては恋愛をしたりビジネスをしようとしたりする人たちも大勢いる。そういう意味では、解離は進化というより現代社会への人間の適応形態なのかもしれない。

そして後者の「これは進化か」という問題に関しては、いまの時点ではとりあえず「ノー」と言わざるをえない。たとえばこれも最近、診察室にいてよくあることなのだが、「今日はどうしてこちらにいらっしゃいましたか」と聞くと、「先生ならわかるでしょう」と言われることがある。もちろん、はじめて会ったのでわかるわけはない。率直に「わかりません」と言うと、患者さんは非常にがっかりして、「ええ？　先生もわかってくれないんですか。話してわかってもらうくらいなら、自分でなんとかします」と言って帰ってしまった人もいた。

そういう人たちは、コミュニケーション抜きで自分を受けとめ、自分の全部の層、つまり何重にもパイが重なったミルフィーユの全体を受け入れ肯定してくれる超越的な人を求めて、私のところに来たのかもしれない。そういう姿を見ていると、やはり統合が失われ、パリパリ割れやすい危うい自分を生きるのはしんどいことで、誰かに「私はあなたのすべてを知っていますよ」と言ってほしいのだな、と思う。自分で統合できないなら、誰か外部の人にまとめてもらいたいのではないだろうか。

その人たちは、運命とか宿命とかいった言葉も好きだ。21世紀になっても若者に流行っている「純愛小説」なるものも、恋人のどちらかが病魔に侵され、余命あと1年だけれど、ふたりが出会って結ばれるのも別れに引き裂かれるのも運命だったと納得しあう、というストーリーがほとんどだ。

これを一歩離れた視点から見ると、「自分たちの人生、心は自分たちにはどうにもならないものだ。だから、恋愛にしても人生にしても、自分が責任をもって選んで始まるものではなく、最初から超越的な誰かが決めてくれた通りに、自分たちは粛々と動くしかないのだ」と言っているように思える。解離モデルの心しか持ち合わせていない自分たちには、自分の人生を自分の手で切り開いていくことさえできないのだ、と思っているかのようだ。

だからこそその人たちは、「精神科医」「有名占い師」などそこそこ信用できそうな超越者を求めては、「私の人生を決めてください」と訴えているのかもしれない。まるごとおまかせ、そこで決定された結果にも不満をもたない、というのは気の毒に見える。

さらに、自分の人生の答えを前世、霊界といった超越世界に求めようとする人も増えている。いま雑誌や書籍など出版の世界では、「スピリチュアルブーム」というのか、霊界と交信できるとか前世を透視できるとかいった人たちが大人気だ。

霊媒師に群がる人たちを見ていると、その人たちもまた解離モデルに基づく自分の心を持て余し、誰かにまとめてもらいたい、それもちょっとした医者や教師の言うことでは信用できないから、いっそのこと霊界からでもいいので統合してくれる人がほしい、と言いたいように思える。つまりその人たちは、やはり「解離よりは統合」とどこかで思い、霊媒師に自分をわかってください、まとめてください、と望みを託しているのだ。

若い世代を中心にしたそうした人たちの「わかってほしい」「受けとめてほしい」「ばらばらになりそうな私の心をまとめてほしい」といった心の叫びを誰が引き受けるべきなのか。本当に霊媒師や占い師だけにまかせてよいのか。これまで統合モデルで長らく若者に対処してきた精神科医、カウンセラー、教師などの真価が問われている。

多重人格を前提にした社会が作れるか

しかし、この解離モデルの広がりのスピードはかなり速く、いまのところはそれを止めるのはむずかしいという現実もある。そこで発想を転換させて、「なんとしても解離を止めて心のまとまりを図らなければ」という考えをやめて、「解離というのもそんなに悪いものではないのでは」「統合された心というほうが生きにくいんじゃないか」と前向きに考えてみる、という方法も残されている。

この逆転の発想のヒントになるのは、哲学者たちの意見である。彼らの中には、統合された心というのも、実はそれほど長い歴史があるわけではなく、デカルト以降、つまり近代の産物でしかない。そしてこの近代が作った「私」なるものじたいが、不自然なのではないか。もっと昔は、人間はむしろ場面や季節でまったく違う人間になったかのようにふるまったり、ともうちょっと解離に近かったのではないか。こういう考えもある。そうなると、解離モデルはある意味で「人間復興」の一歩なのかもしれない。

ただ、ヨーロッパなどではそんな連続性や統合性のない解離モデルの自分を生きていても、「神さまの前では同じ私」という基本があった。また、どんな自分もすべてまとめて、「神さまはわかってくれた」のだ。

ところが、いまの日本社会で解離モデルを生きる人には、いつも変わらず自分をすべて見守ってくれる「神」はいない。だからこそ人は、「誰かにわかってほしいのにわかってもらえない」とわかってくれる人を求めてさまようのではないだろうか。

さらに先に述べた通り、この情報化社会とか言われている時代で、もし統合モデルにこだわり続ければそちらのほうが弊害が多い、という説もある。

ただ、もちろん問題もある。

それは、いまの社会のルールも一応、「まとまりのある私」を前提にして成り立っているということだ。もしこの解離モデルがスタンダードとなれば、選挙のシステムなどいろいろなものを変えなければならない。私の患者さんで、多重人格のそれぞれに恋人がおり、その人たちからのプロポーズを受けてしまっていざ結婚、となったときに問題が発覚、という事例もあったが、これも「それぞれの人格で婚姻届を何通も出せる」といったシステムになれば、問題はないわけである。ただ、それは限りなくＳＦに近い話であり、すぐに実現することはないだろう。

わからないままでも、受けとめるという方法

ここまで、精神科の現場でもこれまでのカウンセリングやコミュニケーションの手法が通用しなくなったという話をし、その原因に「心のモデルの変化」という大きな問題があるのではないか、という仮説を提示してきたが、もちろんこれは診察室内に限ったことではない。いまは事例化していない、つまり症状と呼べるようなものは呈していない、診断名がつけられる状態ではない、という人たちのあいだからも、「心がばらばらになりそうだ」「自分はその他大勢で人生の主役じゃない」といった叫び声が聞こえるのもまた事実だ。

では、この人たちにとって「わかってもらう」とはなんなのだろう。もう解離モデルの世の中なのだから、うまいことバーチャルの自分と現実の自分とを使い分けて、「本当の私なんてないんだよ」と思っているのだろうか。

それは違う。若い人たちがリストカットをしたり霊能力者のところに駆け込んだりし

ながら、「なんとか私のことをわかって」ともがく姿を見ると、「やっぱり人は自分のことを〝すっかり全部わかってもらった〟という気持ちになりたいのではないか」と思うのだ。

とはいえ、前の章に示したようなロジャーズのクライアント中心療法では、彼らは「わかってもらえた」とは満足しない。

では、この解離モデルの時代に「わかる」とは、「わかってもらう」とはなんなのか。

これについてまだはっきりした結論はないのだが、臨床の場にひとつのヒントがある。それは、「その人の前では安心して人格を解離させることができる人」の存在が、その人を支えているということだ。

ある女性は、いつもはしっかりした専業主婦なのだが、ときどき子どもに返ったようになり、「お菓子ちょうだい」「もっと抱っこ」などと夫にせがむ。本人はその記憶がほとんどないと言う。いろいろ話を聴くうちに、その女性は子どもの頃、実父に虐待された経験があり、そのイヤな記憶を消去するために別の人格が生まれたことがわかった。

つまり、その人の人生の長い時期を占めている「しっかりした人」というほうが、あとから作られた人格なのだ。

彼女の診察室にはいつも夫がついてきていた。あるとき、診察室で子ども人格が登場し、「こわいよ、こわいよ」と泣き出した。どうやら父親に虐待されたときの記憶が再現されているらしい。するとそばにいた夫はやさしく妻の手を握り、「大丈夫だよ、安心していいよ」ととてもやさしい声で繰り返した。いつも家でもそうしているのだろう。すると彼女は間もなく夫にもたれかかって眠り始め、数分後に目が覚めたときにはまた「しっかりした主婦」に戻っていたのだ。

夫は妻のすべてを知っていて、子どものほうが妻の本当の人格なのだと認めたうえで、「しっかりした妻」のほうの人格ももちろん愛していた。

彼女の解離はなかなか治らず、いつまでたっても人格の統合が果たせなかったものの、自分の治療の腕が悪いことを棚に上げるわけではないが、私は次第に「このままでもよいのではないか。夫の前で本当の人格である〝傷ついた子ども〟を出せるのは幸せなことだ」と思えるようになったのである。

これはもちろん、治療のゴールではないし、女性本人はいつまでも自分のことがわからないままであるかもしれないが、「わからないまま受けとめる」「わからないまま誰かに受け入れてもらう」というのが、解離の時代の「わかるということ」なのではないだろうか。

あとがき

霊感ビジネスでは解決しない

いろいろな「わかる」について話してきたが、最後にもう一度、自分の話をしよう。

私は思春期以降は、誰かに「わかってもらいたい」と思う気持ちがそれほど強くなかったように思う。それよりも目の前で起きていることに気をとられたり、ほかの人の気持ちに関心を抱いたりすることが多かった。

冒頭でもちょっと記したが、そんな私が「自分はあまり人にわかってもらえていないのでは？」と気づくようになったのは、おとなになって精神科医となり、「わかってもらえない」と訴える人に多く出会うようになってからだ。「そういえば私もあまりわかってもらえていないかも」と、遅ればせながら気づかされたのだ。

しかし、そのときには世の中に「あなたのことをわかってあげますよ」とアピールするビジネスがあふれていることにも気づいていた。スピリチュアルカウンセラー、霊感をもったヒーラーなどがそれだ。その多くは診察室に来る患者さんたちから「先生、こういう人を知っていますか」と教えてもらったのだが、中には「何代も前の祖先のことからいまのあなたの心を読み解きます」という霊能者がいることを聞かせてもらったことがある。

「百聞は一見に如《し》かず」ということで、私自身もその中の数人に会いに行った。私が精神科医ということを明かしても、警戒することなく「そうですか。では過去のあなたにいっしょに会ってみましょう」と言ってくれた霊感占い師もいたが、「信じてもらわないとあなたの心の中は見えません」と拒まれたこともあった。

「過去のあなたに」と言った占い師は、私にも心の扉を開けて過去にさかのぼるようにと指示してくれたが、私の頭には全然イメージが浮かばなかった。「目を閉じてまっさらな心になってみましょう……ほら階段があるでしょう？　それを下りてください」と言われても、申し訳ないことに何も見えてこない。仕方なく「あ、見えました」などとちょっとしたウソをついてしまったが、それから占い師に「浜辺にいるあなたが見えるでしょう? 何かを求めて子どものように泣いていますね」と言われても、「はあ」とウソがバレないように生返事をするしかなく、結局、なんの収穫もなかった。

いろんな人に少しずつわかってもらえればいい

そんな経験を何度かしてから、私は「自分のことをわかってもらうのは無理」という結論に達した。それよりも、ゆるやかに私の仕事や生活を応援してくれる親や弟、ごくたまに会って「まあいろいろあるけどおいしいものでも食べよう」と言ってくれる友人、そして職場で仕事に関しては真剣に話し合ったりときに議論したりできる同僚などに、「私」を分散させて少しずつ理解してもらえればそれでいいか、と考えるようになったのだ。

そこで「この私の全部をまるごとわかってもらいたい」と全体像を求め始めると、なかなかそんな相手は見つからず、「どこにも私をわかってくれる人はいない」とあせり、逆に誰かにすがりたくなる。それよりも「少しずついろいろな人にわかってもらえていれば、それを寄せ集めたものが私、ということなのだろう」と思っていたほうが、心を落ち着けて過ごすことができる、というのがいまの私の実感だ。

　とはいえ、そんな私でもいまだにときどきは「寄せ集められてできた私って、結局はどんな人間？」と疑問をもったり、「その全体像がつかめるはずだ、誰かが知っているはずだ」という幻想を抱いてしまうことがある。そのたびに「いやいや、全体像はなくたって大丈夫」と自分に言い聞かせているが、それでもダメなときは動物園に出かけてカバやサイなど大きな動物のオリの前で時間を過ごす。

「もしかしたら、おまえが私のこと、わかってくれてるのかもしれないねえ。いや、やっぱりわかってないか。いやいや、どっちでもいいか」

　ゆったりした動きでひたすら草を食べている動物をぼんやり眺めていると、「私をわかってもらいたい」「誰も私をわかってくれない」という悩みにそれほどこだわる必要もないかな、という気持ちになってくるのである。

　もちろん、これは万人に通用する処方箋ではないが、「そんな人もいるのか」と笑ってもらえたら幸いである。

本書は、廣済堂出版編集部の川﨑優子さんとの久しぶりの再会から生まれた一冊である。川﨑さんとは2001年に『多重化するリアル――心と社会の解離論』という私にとってもたいへん大切な一冊をいっしょに作らせてもらった。あれから16年、世の中は大きく変わったが、川﨑さんは以前とまったく変わらぬおだやかさとしなやかさでこの本の企画を考えてくれた。私はふたつ返事で引き受けたのだが、こちらは16年前よりかなり老化しており、なかなか仕事がはかどらない。川﨑さんにはたいへんご迷惑をかけてしまった。

でも、こうしてなんとか完成させることができ、あの頃もいまも変わらずにいる「どうしてわかってもらえないの？」と悩み、迷っている人たちに語りかけるような本ができたのではないか、と思っている。

川﨑さんには心からの感謝をささげながら、本書がひとりでも多くの「わかってもらいたい人たち」の心を潤す水になることを願ってやまない。

小春日和の日に　　香山リカ

校　　正　アンデパンダン
編　　集　川﨑優子
DTP制作　三協美術

「わかってもらいたい」という病
2018年2月10日　第1版第1刷

著　者　香山リカ
発行者　後藤高志
発行所　株式会社廣済堂出版
〒101－0052　東京都千代田区神田小川町
2－3－13　M&Cビル7F
電話 03-6703-0964（編集） 03-6703-0962（販売）
Fax 03-6703-0963（販売）
振替 00180-0-164137
http://www.kosaido-pub.co.jp

印刷所
製本所　株式会社廣済堂

装　幀　株式会社オリーブグリーン
ロゴデザイン　前川ともみ＋清原一隆（KIYO DESIGN）

ISBN978-4-331-52141-0 C0295